KB046506

철학으로 저항하다

냉소주의의 시대,
저항의 감각을 키우는
철학 수업

철학으로 저항하다

다카쿠와
가즈미 지음

사계절 노수경 옮김

일러두기

- 이 책에 등장하는 인용문은 원문이 일본어가 아닌 경우 모두 저자가 원전에서 직접 번역했다. 일본어 번역본이 이미 존재하는 경우도 마찬가지이다. 책 말미의 '주요 참고자료 일람'에 일본에 출간되어 있는 번역본을 적어두긴 했으나, 이는 어디까지나 편의상의 조치일 뿐 번역은 기존과 다르다.

- 한국어판에서는 저자의 일본어 번역문을 한국어로 옮기되 부분적으로 원문을 참조했다.

- 인용문 가운데 [ ]로 표시한 부분은 원문에는 없는 내용이다. 인용자, 즉 저자의 주석이다. [⋯]는 중간 내용을 생략한다는 뜻이다.

- 저작권 문제로 본문에서 나카지마 미유키의 노래 〈화이토ファイト!〉의 가사를 인용한 부분을 삭제했다(72쪽 첫째 단락). 전후 문맥에는 영향이 없으며, 이에 대해서는 원저작자의 승인을 얻었다.

- 2장에서 다루는 영화 〈스파르타쿠스〉의 등장인물 이름은 독자에게 친숙한 라틴어 발음으로 표기했다. 이 영화는 한국에 〈스파타커스〉, 〈스팔타커스〉 등의 이름으로 소개되기도 했다.

- 각주는 모두 옮긴이 주이다.

철학의 이미지에 겁먹지 마라

이 책에서는 '철학으로 저항한다'라는 것에 관해 생각해보겠습니다. 이렇게 말은 했지만, '철학이 뭐지?', '저항이란 뭐지?'라는 부분부터 분명하게 해두고 싶은 사람도 있을 것입니다. 저항에 관해서는 다시 이야기하기로 하고, 우선 철학에 관해 생각해보는 것에서 시작하려고 합니다.

철학이란 무엇인가라는 질문에 관한 제 나름의 답변은 1장에서 분명하게 밝히고 싶고, 여기서는 먼저 철학은 무엇이 아닌지에 관해 가볍게 이야기해보겠습니다. 왜 이

런 이야기를 해야 할까요? 철학을 마주하고 겁을 먹으면
안 되기 때문입니다.

혹시 여러분 머릿속의 철학이란 좀 귀찮고 음침한 느
낌을 주는 것은 아닌가요? 실제로 철학에는 '평범하게는
접근할 수 없는 것', '번거로운 것', '어려운 책을 열심히
읽지 않으면 알 수 없는 것' 등 무서운 말들이 항상 따라다
닙니다. 네, 물론 이런 이미지에 부합하는 철학도 분명히
있습니다. 하지만 모든 철학이 그런 것은 아닙니다. 무섭
고 겁이 나더라도 일단은 하라는 대로 하지 않으면 철학
을 이해할 수 없다? 아니오, 그런 일은 절대로 없습니다.

"이것이랑 저것을 모르면 너는 철학을 절대 이해할 수
없을걸? 철학서를 못 읽을걸?" 이런 느낌으로 겁을 주는
젠체하는 말들에서는 지체 없이 물러나도 좋습니다. 반
대로, 그러니까 "철학 같은 것 쓸데없고 시시한 것"이라며
경시하는 허세도 있을 텐데요. 그런 안이한 태도와도 마
찬가지로 진중하게 거리를 두고 싶습니다.

모든 것이 철학으로 보이는 경험

이 책은 일종의 철학 입문서, 철학의 세계로 초대하는

글이라고 생각하셔도 좋겠습니다. 그런데 철학에 입문하게 되면 철학서라 불리는 책들이 준비되어 있는 것이 보통입니다. "철학 입문서를 읽고 난 뒤에는 철학서를 조금이라도 읽어주세요"라는 것이지요. 이러한 사고방식은 입문서를 쓰는 사람에게도 읽는 사람에게도 의심 없이 받아들여지곤 합니다.

하지만 제 생각은 좀 다릅니다. 철학 입문서 다음에 철학서라 불리는 책들을 반드시 읽어야 하는 것은 아니라는 말입니다. 우리의 미래에는 모든 것이 철학으로 보이는 기묘한 경험이 기다리고 있습니다. 물론 이른바 철학서라 불리는 것들이 그 미래 안에 포함되어 있어도 상관없지만, 굳이 철학서를 읽어야 하는 것은 아닙니다.

무엇을 보아도 철학이 보이고 철학으로 보인다. 이 책에서 제가 소개하고 싶은 것은 바로 그와 같은, 세계를 보는 조금 다른 관점입니다.

철학은 철학사가 아니다

그렇다면 철학은 무엇이 아닐까요? 철학과 헷갈리는 것은 아주 많습니다만 여기에서는 세 가지만 들어보겠습니다.

철학은 철학사와 같은 것이 아닙니다. 이것이 첫 번째입니다. 철학사란 계속 이어져온, 이른바 철학자들이 무엇을 했는지에 관한 역사입니다. 실제로 철학사를 따라가며 철학을 공부하는 일이 흔합니다. 적어도 대학에서는 그렇습니다. 그럼요, 이러한 배움의 방식 자체가 완전히 틀렸다고는 생각하지 않습니다. 저만 해도 어느 정도는 이런 방식으로 철학을 공부했으니까요.

하지만 이런 방식으로 하는 공부를 보고 "철학이란 철학자라는 위인들이 차례로 등장해서 저마다 이상한 소리를 아주 세세하게 늘어놓는 일련의 이야기다"라는 인상을 받게 된다면 그건 좀 곤란합니다.

철학자라고 불리는 저명한 사람들은 분명히 철학자이며, 그것도 상당히 위대한 철학자입니다. 이를 부정하려는 생각은 추호도 없습니다. 이 철학자들의 난해한 저작은 전부 정독할 가치가 있다고 생각합니다. 이런 말을 하는 저조차도 항상 읽고 있습니다.

그러나 철학자들이 오늘에 이르기까지 집단적으로 형태를 만들어온 사상의 연쇄를 배우는 것과 철학을 배우는 것은 전혀 다른 일입니다. 마치 '배움의 패키지'처럼 되어버린 철학사는 철학자라고 불리는 사람들이 무슨 활동을 했는지를 기록한 '정사正史'에 지나지 않습니다. 정사란 정치 제도나 문화 제도가 스스로의 내력과 정통성을 보증하기 위하여 조직하는 이야기입니다. 이러한 제도에 의해 철학자 개개인이 훌륭한 철학자로 손꼽히게도 되는 것이지요.

이러한 역사에는 거짓이 들어가기도 합니다. 혹은 완전히 거짓은 아니더라도 지금 있는 제도에 유리한 쪽으로 고의든 무의식적이든 취사선택, 과장, 왜곡이 더해지기도 합니다. 저는 이러한 이야기가 존재한다는 것 자체를 부정하거나 비판하려는 것은 아닙니다. 그러한 이야기를 읽으며 지금 있는 철학이라는 제도의 존재 방식을 긍정적이든 부정적이든 꿰뚫어 보고 배울 수 있으니까요.

하지만 그 이야기를 '철학의 순정품' 혹은 '유일한 이야기'라는 식으로 여길 필요는 없습니다. 애초에 정사는 시대와 함께 만들어지고 또 변해가는 것이기도 합니다. 철학사를 통해 나름대로 배울 점이 아주 많았다 하더라도 철학사를 철학과 혼동하지 않는 것은 정말로 중요합니다.

철학자란 철학하는 사람을 가리킵니다. 철학사에 의해 철학자로 인정받은 사람 외에도 철학자는 많이 있습니다. 적어도 저는 그렇게 생각합니다. 철학을 전개해나가는 데도 철학사가 보증하는 방식 이외의 여러 가지 방식이 존재합니다.

애초에 제도에 의해 철학자로 인정받은 사람들도 특별히 정사의 일부가 되기 위해 철학을 한 것은 아닙니다. 그러니까 정통이라고 간주되는 철학이라는 것을 가져다가 다음 세대에 전승하기 위해 철학을 한 것은 아니라는 말입니다.

철학자는 세습되지 않는다[1]

그렇습니다. 정확하게 말하자면 철학한다는 것에 일종의 전승이라는 측면이 없는 것은 아닙니다. 실제로 '철학하는 마음' 같은 것이 스승에서 제자로 전해지는 일은 있을 터입니다. 이 사제 관계는 대학이나 기타 제도에 의해

---

1   일본에서는 가부키, 무용, 도예, 우키요에 등 전통 예능 분야에서 선대나 스승의 이름을 대대로 계승하는 '습명襲名'이 흔하다.

형성될 수도 있겠지요. 학문 분야로서의 철학은 오늘날 주로 대학에서 배웁니다. 그런 의미에서 대학은 정사를 배우고 가르쳐 '철학하는 마음'을 전승하는 데 적합한 제도라고 할 수 있습니다. 철학의 스승을 책에서만 찾는 제자도 있겠지만, 그런 경우라도 분명 어떤 가상의 사제 관계를 통해 전승이 이루어질 것입니다.

그러나 이렇게 무언가 전해진다고는 해도 철학은 본래 그 철학자 한 사람에게만 국한된 것입니다. 이는 아무리 강조해도 지나치지 않습니다. 물론 과거나 현재의 타인이 기획한 철학을 참고하는 것은 충분히 가능한 일입니다. 실제든 가상이든 스승이 있는 경우도 많겠지요. 그렇게 하면 안 된다는 둥, 그럴 때마다 처음부터 다시 만들어야 한다는 둥 표자정규抱子定規[2] 같은 규정이 있는 것은 아닙니다.

다만 이를 감안하더라도 철학이라는 행위는 역시 그때그때 타인으로부터 완전히 독립적으로 이루어집니다. 다른 사람의 철학을 참고할 때조차도, 그 사람의 철학에 아

---

2   무엇이든 하나의 규칙이나 척도에 맞추려고 하는 융통성 없는 태도.

무리 깊은 영향을 받더라도 다른 사람의 철학을 잇는 것은 아닙니다. '철학한다'는 행위에서는 전에 있던 것을 다음 세대로 전하는 것이 중요한 문제는 아닙니다.

철학자는 세습되는 것이 아닙니다. 2세 철학자, 3세 철학자란 없습니다. 철학하는 사람은 모두 제각각 떨어져 있습니다.

굳이 독자성을 드러내기 위해 애쓰지 않아도 철학하는 사람과 다른 철학하는 사람 사이에는 자연스럽게 간격이 생깁니다. 하지만 이를 멀리서 본다면 마치 무리를 지은 것처럼도 보이고, 시간의 축 위에 줄을 선 것처럼도 보입니다. 그 형태를 잘라내 어떤 식으로든 정리하여 제시한 것이 철학사라고 하는 것입니다.

정사 이외에도 스핀오프, 사이드 스토리, 야사 같은 여러 가지 이야기가 있습니다. 또 그런 부차적인 이야기에서조차 결코 언급되지 않는 철학과 철학자도 일일이 열거할 수 없을 만큼 많을 터입니다.

앞으로 자세하게 이야기하겠지만, 철학이란 알고 보면 누구나 할 수 있는 일입니다. 무언가를 계승해야 가능한 것, 혹은 어딘가에서 인정을 받아야 하는 것이 아닙니다.

'철학하는 마음' 같은 것조차도 자기 마음속 어딘가에 불이 붙는다면, 거기서부터 시작해 누구라도 혼자서 철학을 해버릴 수 있습니다. 이후로는 이 불을 스스로 키워가는 것이지요. 이 불은 실제든 가상이든 어떤 스승에게서 튄 불티에서 시작된 것일 수 있습니다. 개인적으로 혹은 사회적으로 터무니없는 상황이 뜻밖의 시점에 발생해 멋대로 내 쪽으로 불꽃을 쏘아 올리는 바람에 사실상의 스승 노릇을 하게 되었을 수도 있고요. 또 하루하루를 보내다가 문득 정신을 차리고 보니 철학의 불이 나에게 붙어 있었다거나 하는 것도 불가능한 일은 아닙니다.

어떤 경로를 거쳐서든 철학하는 마음이라는 불꽃이 날아오기만 한다면 누구든 철학을 할 수 있습니다. 당신이 이른바 좁은 의미의 철학자인지 아닌지는 문제가 되지 않습니다. 그런 의미에서 철학이란 일부의 지적 엘리트가 독점하고 있는 행위가 아니라, 말하자면 지극히 민주적인 행위, 지식의 서민에게도 열려 있는 자유로운 행위입니다.

철학은 고매한 이념을 논하는 행위만은 아니다

다음 이야기로 옮겨 가겠습니다. 철학은 고매한 이념을 논하는 행위만은 아닙니다. 이것이 두 번째입니다.

일상생활과 아무런 인연도 없어 보이는 고매한 이념을 논하는 것, 그것이 철학이다. 여러분은 이런 인상을 가지고 있을지도 모르겠습니다. 속세의 일에 초연한 채로 '진실이란 무엇인가?', '미美란 무엇인가?' 같은 질문에 이것도 아니고 저것도 아니라며 생각만 하고 있는 듯한 인상 말입니다.

위대한 무언가에 관하여 고독하게 계속 생각만 하다 보니 눈앞이 보이지 않아 결국 발밑의 바나나 껍질에 미끄러지고 마는 철학자. 철학자를 풍자한다면 보통은 이런 이미지이겠지요? 진실이나 선善 같은 것을 중요하게 생각하고, 그에 관해 묻는 것 또한 분명 철학입니다. 하지만 그것만이 철학은 아닙니다.

그렇습니다. 철학이 고대부터 진·선·미라는 고매한 주제에 관해 물어온 것은 사실입니다. 하지만 진·선·미에 관해 질문한 사람이 처음부터 작정하고 철학의 대상을 손에 쥐고 있던 것은 아닙니다.

철학자들이 "좋아, 지금부터 철학할까"라고 결심하고 철학의 팔레트에서 철학적인 주제라고 보증된 '선'이라는 이름의 물감을 선택하여 아름다운 철학의 그림을 그리지는 않습니다. 선함이란 무엇인가라는 철학적인 질문이 먼저 나오고, 그다음에 '선'이 철학의 주제가 되는 것이 실제 순서라고 생각합니다.

그림에 비유하여 이야기를 계속해보겠습니다. 당신이 주변에 널려 있는 진흙을 집어 들어 그림을 그린다면, 이 행위에 의해 당신이 집어 든 진흙은 그 순간부터 철학의 물감이 됩니다. 그 후에는 당신이 그린 그림이 철학이 되는 것이지요.

세상사로부터 멀리 떨어진 것, 현명한 것, 심원한 것 등 철학다움의 이미지를 형성하는 것은 모두 한낱 이미지에 불과합니다. 물론 때로 철학에서 그러한 측면이 보일 때도 있을 것입니다. 사물을 골똘히 생각하다 보면 결국에는 그런 이미지를 가진 무언가에 도달하는 일이 많은 것도 사실입니다.

그러나 철학은 그런 것만이 아닙니다. 반드시 거기에서 시작해야 하는 것도 아닙니다.

철학은 고민이 아닐뿐더러
고민을 해결해주지도 않는다

철학은 심각한 고민 그 자체도 아니고, 고민을 해결해주지도 않습니다. 이것이 세 번째입니다.

아무래도 철학에는 '인생이란?', '행복이란?', '옳은 것은?', '죽음이란?'과 같은 주제를 미간을 찌푸리며 생각하는 이미지가 들러붙어 있기 마련입니다. 말하자면 오귀스트 로댕(1840~1917)의 '생각하는 사람'의 이미지입니다.

물론 철학을 하다 보면 고민을 많이 하게 되는 것도 사실입니다. 하지만 심각한 고민과 고통이 철학의 기초를 이루는 것은 아닙니다. 늘 벌레라도 씹은 것 같은 얼굴을 하고 있어야 하는 것도 아닙니다. 가벼운 철학, 유쾌한 철학이 있어도 괜찮습니다.

그렇습니다. 철학과 종교에는 문화적으로 가까운 부분이 있습니다. 도서관에서 책을 찾을 때 일본십진분류법이라는 것에 의지할 때가 있잖아요? 그 분류법에서 100번대가 철학/종교입니다. 일본십진분류법의 유래인 듀이십진분류법에서는 100번대가 철학과 심리학, 200번대가 종교로 철학과 종교는 이웃하고 있다 하겠습니다.[3]

본질적인 것, 관념적인 것을 이렇게 저렇게 끝까지 파고 들어 생각한다는 점에서 철학과 종교에는 분명 공통점이 있습니다.

하지만 철학은 생사를 포함한 인간의 깊은 고민에 대해 구제 혹은 해방이라는 해답을 일방적으로 주지는 않습니다.

---

3   한국십진분류법에서도 100번대가 철학, 200번대가 종교이다.

차례

철학을 정의하다

철학의 정의

철학은 철학사에만 한정 지을 수 없으며, 고매할 필요도 없고, 내 마음속 고민을 해결해주지도 않습니다.

그렇다면 철학이란 무엇일까요? 저는 이 질문에 대해 제 나름의 간결한 답을 가지고 있습니다. 이 답은 제가 몇 년에 걸쳐 이것저것 읽고 생각하고 궁리한 것으로, 어느 유명한 책에 같은 내용의 답이 쓰여 있지는 않습니다. 그리고 이는 비교적 느슨한 정의입니다. 또한 제도적인 철학만을 대상으로 하지 않습니다.

제가 확인한 바에 따르면, 제가 정리한 이 정의는 적어도 '철학'이라고 간주해온 모든 행위에 타당하게 적용할 수 있으며 '철학'이 아닌 것은 포함하지 않습니다. 철학에 대하여 제가 만든 정의는 다음과 같습니다.

철학이란 개념을 운운하는 것으로 세계에 대한 인식을 갱신하는 지적인 저항이다.

여기에 사용된 '개념', '운운', '세계', '인식', '지적인', '저항'이라는 말에 관해서는 순서대로 설명해보도록 하겠습니다. 좀 긴 설명이 필요한 말도 있고 가볍게 해치울 수 있는 말도 있을 것 같습니다. 또 중복되는 설명도 좀 나오지 않을까 합니다. 하지만 개의치 않고, 기세를 몰아 이야기해보려 합니다.

개념 – 일관성 있는 단어 혹은 표현

'개념'이란 무엇일까요? 비슷한 말로는 '관념'이나 '이념'도 있습니다. '관념'은 '개념'보다는 느슨한 생각 일반에 넓게 쓰이는 반면, '이념'은 '마땅히 그러한 진지한 사고방식'이라는 규범적인 뉘앙스를 포함한다는 차이가 있습니다. 여기에서는 '개념'을 사용하겠습니다.

개념이란 일관성이 있는 단어 혹은 표현을 뜻합니다. 철학을 딱 봤을 때 융통성 없고 완고하다고 느끼는 이유가 바로 이 일관성 때문인 듯합니다. 그러니까 어떤 단어 혹은 표현을 여기에서 이런 의미로 사용했다면 앞으로는 어디서든 같은 의미로 사용할 거야, 달라지지 않을 거야, 라는 뜻입니다.

철학은 의미를 바꾸지 않는 것 그 자체에 의미를 두고 있다고 해도 좋겠습니다. 이 지적인 행위에서는 그 완고함을 중요하게 생각한다는 뜻입니다.

당장 개념을 정의할 필요는 없다

개념은 그때그때 사용할 때 정의되거나, 명시적이지 않더라도 어떤 정의를 전제로 하는 경우가 많습니다. 하지만 철학에서는 이런 정의가 당장 필수적인 것은 아닙니다. 정의를 내리고 나서 시작하면 분명 알기 쉽고 친절하기도 할 것입니다. 하지만 꼭 그렇게 해야 하는 것은 아닙니다.

어떤 단어나 표현이 완고하게 쓰입니다. 그리고 그 완

고함이 강하든 약하든 분명한 방식으로 전달됩니다. 그 결과 논의 전체가 논리의 장으로서 일종의 긴장감을 띠게 됩니다. 중요한 것은 바로 이것입니다. 정의가 문제가 되는 것은 그다음 일입니다.

그렇다고는 해도 일관성이 요구되는 이상, 개념에 대한 정의를 요구하는 '~란 무엇인가'라는 질문은 하고자 한다면 언제든지, 얼마든지 가능해야 하는 것도 사실입니다. 명확한 답을 하지 못하더라도 적어도 질문은 가능해야 합니다. 이 질문은 개념을 세운 사람이 해도 괜찮고, 나중에 그 개념을 접한 사람이 해도 좋습니다. 반대로 말하면, 질문할 수 있는 가능성이 보장되지 않는 개념은 철학적인 개념이라고 할 수 없습니다.

반드시 개념 정의부터 해야 하는 것은 아니지만, 정의를 내리라는 요구를 받았을 때는 정의하려는 시도가 항상 가능해야 한다는 뜻입니다. 이 시도가 실패하더라도 말입니다. 개념에 일관성이 전제되어야 한다는 말은 이런 뜻입니다.

이 '일관성 있는 단어 혹은 표현'은 보통명사나 명사구인 경우가 많습니다. 하지만 그 밖의 형식이 '개념'적으로 사용되는 경우도 있습니다. 극단적인 경우, 문장의 형태여도 괜찮습니다.

아무튼 어떤 형태를 띠든 일관성이 있을 것, 융통성 없음을 지향할 것, 그리고 그 완고함이 많든 적든 전해질 수 있는 형태일 것이 중요합니다. 그러니까 그 개념이 논의 속에서 나름대로 돋보여야 하고 눈에도 잘 띄어야 합니다.

개념이라고 모순이 없는 것은 아니다

하지만 주의해야 할 것이 하나 있습니다. 개념이라는 것이 일관성을 추구하기는 하지만, 그렇다고 해서 처음부터 개념과 그 개념이 가져오는 논리의 장 사이에 절대로 모순이 있어서는 안 된다는 뜻은 아닙니다.

이 점은 오해하기 쉬운 부분입니다. 보통 철학이라고 하면, 모순 없는 세계상이나 체계를 제시해야 한다고 생각하는 사람이 적지 않습니다. 하지만 이런 것이 철학에 요구되는 가장 중요한 부분은 아닙니다. 물론 모순이 없다면 그보다 좋은 것은 없겠지요. 세상의 다른 사물과 마찬가지로 모순되지 않는 것이 모순되는 것보다는 훨씬 좋습니다. 그런 편이 설명하기 깔끔합니다. 하지만 그런 모순 없음이 다른 모든 것을 앞서지는 않습니다.

개념이라는 일관성 있는 말을 사고의 장에 던져놓고 무슨 일이 일어나는지 살펴보는 것이 모순 없는 세상을 준비하는 것보다 훨씬 중요합니다. 그 행위에 의해 그때까지 숨어 있던 모순이 눈에 확 들어올 수도 있습니다. 모순이 분명하게 드러나는 것은 나쁜 일이 아닙니다. 아니오, 오히려 철학에서는 커다란 수확일 수 있습니다.

어떤 말과 표현을 향해 일관되게 주의를 집중하고, 그러한 집중이 눈에 띄게 드러나는 것이 무엇보다 중요합니다.

개념을 운운하는 것
– 창조·폐기·왜곡·전용 등에 관하여

다음은 "개념을 운운하는"의 '운운'입니다. '운운하다'라는 말은 무슨 뜻일까요? 어떤 방법으로든 이야기를 한다, 논의를 한다는 말입니다. 개념을 가지고 이야기를 하는 방식에는 여러 가지가 있습니다. 가장 쉬운 것은 '창조'입니다. 개념을 만들어내는 것이지요.

'운운하는' 방법은 그 밖에도 있습니다. 그동안 철학적인 개념으로 사용해온 것을 사용하지 못하게 하는 방법도 있습니다. '폐기'네요. 사용하던 개념을 종래와 다른 방식으로 사용할 수도 있습니다. '왜곡'이지요. 다른 국면에서 사용되던 개념을 이러저러한 논의의 장으로 가져오는 방법도 있습니다. '전용'입니다.

이렇듯 창조·폐기·왜곡·전용 등 '운운'의 방식은 다양하게 있습니다만, 중요한 것은 어떤 일관성을 가지고 단어나 표현을 논의의 장에 도입한다는 부분입니다.

그 결과 일견 언어유희처럼 보이기도 합니다. 이 또한 철학이 자주 보이는 특징입니다. 중요한 것은 개념을 고집스럽게 사용하는 것, 일관성을 완고하게 주장하는 것, 그리고 논의의 결과가 어디로 흘러가는지를 끝까지 지켜보는 것이라 하겠습니다.

개념의 긴장감이 미치는 곳, 세계

다음은 '세계'입니다. 이 단어의 일상적인 사용법에서도 그렇듯이 세계는 다양하게 인식할 수 있습니다. 세계의 범위를 물리적인 의미로 우주에 해당한다고 해도 좋고, 인간 사회에 대응한다고 해도 좋습니다. 혹은 한 사람의 머릿속 비전을 '세계'라 불러도 괜찮습니다. 중요한 것은 그 '세계'가 어떤 전체라는 것, 하나의 덩어리라는 것입니다. 그 전체는 이미 쓴 것처럼 모순을 포함하고 있어도 됩니다. 파탄 난 것이라도 괜찮습니다. 다만 반드시 전체로서 한 덩어리로 파악할 수 있어야 합니다.

감각적인 표현이 되긴 하겠지만, 어떤 일관성 있는 개념에 의해 그 세계 전체에 순식간에 긴장감이 생긴다, 이런 이미지로 보시면 좋을 것 같습니다. 그러니까 이 긴장감이 미치는 범위가 그 철학의 '세계'라 하겠습니다.

'엘리먼트'에 관하여 – 와인과 물고기

여담입니다만, '엘리먼트element'라는 말을 사용해 설명해보겠습니다. 엘리먼트는 보통 '요소'라고 번역합니다만, 이 단어가 단순히 여러 가지 것을 성립하게 하는 필수적인 최소 단위를 가리키는 말이기만 한 것은 아닙니다.

"물은 물고기의 엘리먼트이다"라는 말이 있습니다. 이때 엘리먼트는 사람이나 물건이 놓인 환경이나 입장 혹은 본래의 활동 영역 등으로 번역하는 관행이 있지요. 물고기의 서식지인 물을 물고기의 '엘리먼트'라 일컬으면

철학을
정의하다

순식간에 긴장감이 생겨납니다. 액체 상태인 H_2O를 주성분으로 하는 그것이 하천이든 호수든, 늪이든 혹은 바다든 상관없이 전체적인 의미에서 물고기가 서식하는 환경, 영역으로서 일어서게 됩니다. 이것이 '엘리먼트'입니다. 제가 '세계'라고 말할 때 상정하는 것이 바로 이것입니다.

가와시마 나오미(1960~2015)라는 배우가 있었습니다. "내 몸은 와인으로 되어 있어"라는 좀 특이한 발언으로 잘 알려져 있지요. "내가 만약에 사고를 당해서 피를 많이 흘리게 된다면 역시 나는 카베르네 소비뇽으로 수혈받고 싶은데"라고 했답니다. "내 혈관에는 피 대신 와인이 흐르고 있다"라는 의미였겠지요. 이는 물론 와인을 항상 마시고 있다 보니 피까지 와인이 되어버렸다는, 그만큼 와인을 좋아한다는 농담입니다.

굳이 또 한 번 바꿔서 말한다면 내 세계는 통째로 와인이다, 혹은 와인이 통째로 내 세계다, 와인 외에 내 세계에 의미를 주는 것은 없다, 모든 것은 와인을 통해서만 의미가 생긴다, 오직 와인만이 나의 세계를 나의 세계로서 단번에 완성시킨다, 그런 의미에서 내게 와인은 필수불가결하다, 라는 것입니다. 와인이 나의 서식지이자 엘리먼트, 즉 나의 세계라는 뜻이죠.

그런 경계를 단번에 세우는 것이 바로 와인, 그러니까 일관성 있는 개념이며, 다시 말하자면 이 개념의 위력이 미치는 곳이 '세계'이자 엘리먼트입니다. 와인이 없는 곳은 가와시마 나오미의 세계 바깥인 것이죠.

어류에 해박한 사카나쿤(1975~)이라는 연예인을 떠올려보아도 좋을 것 같습니다. 사카나쿤의 엘리먼트는 물론 어류입니다. 사카나쿤은 놀라면 "어어魚魚!"라고 말합니다. 요즘은 존댓말 표현인 '……이옵니다'를 '……이업[1]니다'라고 하기도 합니다. 이는 "저의 엘리먼트(세계)는 어류입니다. 다른 무엇이 아닌 어류가 저에게는 필수적입니다. 모든 것이 어류를 통해서만 의미를 지닙니다"라는 뜻을 전하는 암호라고 생각하면 됩니다. '어魚'가 난무할 때마다 우리의, 아니 정확하게는 그의 세계에 한순간에 팽팽한 논리가 생겨납니다.

물론 이때의 '어'는 철학적인 개념이 아닙니다. 자기 연

---

1   '어魚+ㅂ'의 형태로 의역했다.

출을 위해 개인 언어를 발명했다고 할까요? '개념'조차
되지 못한, 그저 '주문'에 가까운 말일 테지만요. 하지만
이 '어'가 듣는 사람의 의식을 사카나쿤 본인이 아니라 그
의 엘리먼트, 즉 어류 쪽으로 끌어당긴다는 것은 강조해
둘 필요가 있습니다. 애초에 사카나쿤은 이름부터 이미
엘리먼트 자체를 취하고 있으니까요.[2] 만약 가와시마 나
오미가 사카나쿤 같은 경우였다면 아마 이름을 '와인 상'
이라고 했을 테지요. 이런 면에서 사카나쿤은 자신의 엘
리먼트에 푹 젖어 그 엘리먼트와 일체가 된 궁극의 상태
에 도달해 있다고도 하겠습니다.

시간은 금이다

이 장에서는 좁은 의미의 철학의 사례는 들지 않을 생
각이었습니다. 하지만 하나만 들어보기로 하겠습니다.
철학으로서는 이미 닳고 닳아서 누구나 아는 관용구가
되어버린 말입니다. 바로 "시간은 금이다"입니다. 이는
18세기의 사상가 벤저민 프랭클린(1706~1790)의 명언입

2　'사카나쿤さかなクン'은 '물고기 군クン'이라는 뜻이다.

니다. 뜻은 이미 알고 계신 대로입니다. 시간을 낭비하지 말라. 조금이라도 시간이 있다면 돈을 벌어라. 집에서 게으름을 피우며 시간을 보낸다면 그 시간에 벌 수 있었던 돈을 쓰레기통에 버리는 것이나 마찬가지다. 벤저민 프랭클린은 『가난한 리처드의 달력』(1758)이나 「젊은 상인에게 보내는 조언」(1748) 등에서 비슷한 취지의 내용을 몇 번이나 썼습니다.

요즘 세상에 이런 잔소리를 하는 연장자가 있다면, 저는 좀 빼달라고 하고 싶네요. 이런 말이 있었기 때문에 미하엘 엔데(1929~1995)는 귀찮음을 무릅쓰고 시간을 쪼개어 『모모』를 쓸 수밖에 없었겠지요. 이 책에 등장하는 '회색 남자들'에 영향을 받은 사람들은 실제로 '시간은 비싸다 – 낭비하지 말라', '시간은 금이다 – 절약하라'와 같은 표어를 내걸곤 합니다. 그다지 즐거운 말은 아니지요.

프랭클린 본인은, 말하자면 엄청 노력해 자수성가한 사람이었습니다. 또 몹시 명랑하고 활달한 사람이기도 했습니다. 그가 자기 생의 절반을 이야기하는, 이른바 『프랭클린 자서전』(1791)은 한번 읽어볼 만합니다. 하지만 프랭클린은 제법 상큼한 웃음을 띠며 "게으름 피우지

마. 나처럼 하면 되잖아"라며 사람을 몰아가는 식으로 설교를 하던 사람이었을 터라 '시간은 금이다'라는 말에 더더욱 질리는 것도 사실입니다. 물론 프랭클린은 조금이라도 일을 하면 경제 상황이 나아질 나태한 빈민들에게 "조금만 부지런하게 일하면 생활이 편해질 텐데"라는 조언을 하고 싶었을 뿐일 겁니다. 그래도 정말 너무하지요.

보시다시피 저는 "시간은 금이다"라는 말을 그다지 좋아하지 않습니다. 하지만 이 말은 철학에 의해 세계가, 그러니까 엘리먼트가 성립되는 전형적인 격언이라고 생각합니다.

Time is money. 흔한 관용구가 되어 이제는 그 의미가 완전히 와닿지 않을지도 모르겠네요. 이는 물론 시간은 곧 돈이라는 뜻입니다. 우리가 보내는 하루, 한 시간, 일 분, 일 초의 시간이 프랭클린의 눈에는 전부 돈으로 보이는 것이지요. 그 밖의 다른 것으로는 보이지 않는다는 말이니 모든 것이 와인이나 물고기로 보인다는 정도는 아직 귀여운 편입니다. 「젊은 상인에게 보내는 조언」에는 다음과 같은 말이 있습니다.

시간이 금전임을 기억하라. 노동으로 하루에 10실링을 버는 사람이 한나절 동안 집 주위를 산책하거나 게으르게 앉아만 있었다고 가정해보라. 그렇게 기분 전환을 하거나 게으름을 피우는 동안 6펜스밖에 안 썼다고 하자. 그런데 정말로 지출이 그것뿐일까? 아니다. 실제로는 그 밖에 5실링을 더 소비했다. 아니, 버린 것이다.

이 사람은 예를 들어 다섯 시간 동안 일하지 않고 놀았던 것이겠지요. 그렇다면 한 시간에 1실링을 벌 수 있는 사람이 다섯 시간을 버린 것이나 마찬가지입니다. 왜냐하면 '시간은 돈'이니까요. 벌 수도 있었을 5실링을 버렸다는 말은 일하지 않고 보낸 다섯 시간은 버려진 시간이라는 것. 이는 무서운 사고방식입니다.

말할 필요도 없지만, 우리가 놀든 게으름을 피우든 시간을 버리는 것은 아닙니다. 그저 즐겁게 혹은 멍하니 시간을 보냈을 뿐입니다. 무엇을 얻지도 버리지도 않았습니다. 일하는 대신 놀았던 것이 아니라 노동과 상관없이 그냥 논 것이에요. 일하지 않는 것도 얼마든지 가능합니다. 물론 돈이 어느 정도 있어서 나쁠 것은 없지만, 멈추지 않고 돈을 불리는 것이 모든 사람의 인생에서 궁극적인 목표가 될 수는 없는 일 아닌가요. 그러나 프랭클린은 완고합니다. 그의 눈에는 시간이 돈으로밖에 보이지 않았어요. 악착같이 돈에 집착하는 세계……

"아, 다섯 시간이 빌 것 같은데. 아이고, 아까워라. 음식 배달 일이라도 해야겠다."

이러한 비전을 단번에 성립시키는 등식을 만드는 것이 전형적인 철학적 행동이라고 할 수 있습니다. 이 내용에 전혀 동의할 수 없더라도 말입니다.

인식 – 머리로 세계를 보면 어떻게 보일까

자, 이걸로 세계는 알게 되었다 치고 다음 차례는 세계에 관한 '인식'입니다. 인식이란 무엇일까요. 인식이란 단순히 정보를 중립적으로 수용한다, A라는 정보를 A로 이해한다는 뜻이 아닙니다. 인식은 일종의 지각이자 감각입니다. 여기에는 정서와 감정이 자연스럽게 포함되어 있습니다. 하지만 이 인식이라는 감각은 오감에 속하지는 않습니다.

잘 설명하기 어렵지만, 여기서는 단순하게 순수한 '머

리'의 감각이라고 해두면 좋지 않을까 합니다. 여기서 말하는 '머리'는 뇌라는 신체 기관을 가리키는 것이 아닙니다. 다양한 방식으로 불립니다만, 영어로 표현한다면 '마인드mind'가 이에 해당한다고 보시면 이해가 쉬울 것입니다. '머리를 쓰다'라고 할 때의 그 '머리'입니다.

그럼 대비해서 생각해봅시다. 인간에게는 오감을 갱신하는 행위가 있습니다. 이는 예술이라고 불리지요. 지각을 매개로 일어나는 행위입니다. 이와 달리 인식이라는 '머리'의 감각을 갱신하는 것이 철학입니다. '세계'를 '머리'로 어떻게 지각하고 감각할 것인가 하는 문제입니다. '머리'를 시각에 비유한다면, 여기서 '세계에 대한 인식'이라고 하는 것은 '세상이 어떻게 보이는가', '세계를 보는 방식'이라고 할 수 있습니다.

관점의 갱신 – 전승이 아닌 행위

다음 차례는 '갱신'입니다. '철학은 세계에 대한 인식을 갱신한다'라는 말은 철학이 단순한 전승일 수 없다는 뜻이기도 합니다. 이에 관해서는 앞에서 이미 말했습니다. 철학적인 의미에서 '사고한다'는 것은 철학적인 학설이든 사회의 지배적인 주장이든 그것을 그대로 수용하거나 반복하는 것이 아닙니다. 나아가 그러한 학설과 주장에 굴복하거나 아첨하는 것도 아닙니다. 아무리 유치하더라도 제 스스로 사고하는 계기가 절대적으로 필요합니다. 물론 지금까지의 학설이나 주장을 긍정적으로 참조하는 일이 금지되어 있지는 않지만, 이미 존재한다는 이유만으로 무조건적으로 받아들이거나 그대로 다른 사람에게 전달하는 것은 철학적인 행위가 아닙니다.

철학적인 의미에서 '사고'란 지금까지 취하던 세계를 '보는 방식'을 어떤 의미에서는 부정하는 것입니다. 유통되는, 지배적인, 다수의, 당연한, 기존의 '보는 방식'이라는 것이 있습니다. 이는 자기 자신 또한 의식적이든 무의식적이든 수용해온 '보는 방식'인 경우가 많습니다. 이러한 지배적인 '보는 방식'에 크든 작든 타격을 가하여 다르게 '보는 방식'을 보여주지 않는다면 이 행위에는 철학이라는 이름을 붙일 수 없습니다.

지성 – 사람은 누구나 평등하게 머리가 좋다

이제 거의 끝나갑니다. '지적인 저항' 부분만 남았습니다. 먼저 '지적인'이라는 말에 관해 설명하겠습니다. 철학은 '지적인' 행위입니다. 즉 '지성'을 구동하는 행위입니다. 지성이란 무엇일까요? 이는 커다란 문제입니다. 사실 정밀한 논의가 필요한 부분이지만 가볍게 이야기하겠습니다.

지성이란 감성과 정서에 머물지 않으면서 생각하고 판단하는 행위입니다. 여기서 '~에 머물지 않는다'라는 부분이 중요한데요. 감성과 정서가 바로 이 '생각하고 판단하는' 부분에 관여하기 때문입니다.

앞서 '인식' 부분에서 조금 이야기를 했습니다만, 지성에 감성과 정서가 관련되지 않을 수는 없습니다. 혹은 감성과 지성이 반드시 서로 대립하는 것도 아닙니다. 이런 대립적인 도식에 발목 잡히는 일이 종종 있는데요, 실제로는 꼭 그렇게 대립적이지만은 않습니다. 호기심과 지적 흥분을 비롯하여 지적 감성이라는 것도 존재하니까요. 다만, 그럼에도 불구하고 지성은 감성으로만 끝나지 않는다는 것이 중요합니다.

지성은 진지하게 생각하거나, 막연하게 생각하거나, 걱정하거나 반추하는 등 다양한 작용을 합니다. 쉽게 말해서 인간이 인간이기 때문에 작동하는 것이고, 이미 서술한 것처럼 세간에서는 이를 '머리'라고 부릅니다. '머리'를 쓰는 방법에는 여러 가지 다양한 유형이 있으며, 그 좋고 나쁨에 대한 판단 또한 다양할 터입니다. 또 기억에 중점을 둘지, 아니면 기억된 것을 끌어내 조합하는 것에 중점을 둘지 등의 차이도 다양합니다. 그러한 작용을 통틀어 '머리'라고 할 수 있습니다. 이것이 지성입니다.

또한 지성은 '똑똑함'이나 '빠름'이라는 가치 판단과도 떼어놓고 생각할 수 있습니다. '지적인'이라는 형용사 앞에서는 쉽게 아무개의 '머리 좋음'을 떠올리게 됩니다. 다시 말해서 어떤 사람이 다른 사람보다 똑똑하다거나 머리 회전이 빠를 때 우리는 습관적으로 그 사람은 '머리가 좋다', '지적이다'라고 형용하곤 합니다. 사실 철학에서는 그런 것은 문제가 되지 않습니다. 지성이 작동하는지 안하는지, 그러니까 지성의 유무만을 문제시합니다. 조금 이상한 표현인지도 모르겠습니다만, 사람은 누구나 평등하게 '머리가 좋습니다'.

논의를 일단 여기서 정리하자면 '지성'이라는 것은 언어를 사용하는 사람이라면 누구나 갖추고 있는 작용을 말합니다. 세부적으로 말하자면 그 지성에는 비언어적인 것도 관여할 수 있지만, 그런 경우라 하더라도 사람이 언어를 운용한다는 것이 지성의 대전제입니다. 다소나마 언어를 매개로 일어나는 모든 '머리'의 작용을 지성의 발로라고 볼 수 있습니다.

감정의 유무와 그 비율은 다양합니다. 지적이라고 해서 반드시 '차가운' 것은 아닙니다. 분명 차갑게 보이는 면도 있습니다. 다른 사람의 감각에 대한 추측과 판단을 자신의 생각과 비교하여 자신의 생각을 취하거나, 어떤 감각이나 그것을 토대로 한 추측과 판단을 다른 생각을 위해 배제하는 데 지성이 작동하기도 합니다. 그럴 때는 '지성 = 차갑다', 즉 '지성은 감각과 관계가 없다'라는 생각이 성립합니다. 해로운 정서가 지성에 의해 배격되는 경우도 마찬가지입니다.

애초에 지성은 감각이나 감정과 동떨어져 있지 않습니다. 그런데 지적이라는 말이 정이 없다는 뜻으로 이해되는 일이 얼마나 많습니까! 감정과 지성 모두 인간에게 동등하게 갖춰져 있으며, 보조적이든 배척적이든 서로 관여하기를 멈추지 않습니다. 감정적인 지성도 있고, 지성에 관한 감정도 있습니다. 그런 의미에서 지성은 뜨겁지 않을지도 모르지만 차갑지도 않습니다. 혹은 뜨거울 수도 있고 차가울 수도 있습니다.

지성은 단순히 모두가 평등하게 가지고 있는 '좋은 머리', 혹은 '머리 회전이 빠른 것'입니다. 그리고 '머리'를 쓰는 사람에게 '마음'이 없는 것은 결단코 아닙니다.

저항 – 말을 듣지 않거나 들을 수 없는 것

마지막으로 '저항'입니다. 저항이란 무엇일까요? 저항은 어쩔 수 없이 하는 행동입니다. '커다란 물줄기에 휩쓸리지 않고, 두 발에 힘 꽉 준 채 서서 떠내려가지 않는 것'입니다. 이는 운동運動의 형태를 취하기도 하지만 부동不動의 형태를 취하기도 합니다. '커다란 물줄기'가 움직이지 않을 것을 강요한다면 움직이는 것이 저항이며, 움직임을 강요한다면 움직이지 않는 것이 저항입니다. 대체로 '말을 듣지 않는 것'이라 해도 좋겠습니다.

기득권을 갖지 못한 사람이 점점 심해지는 지배 권력의 개입에 대해 "이제 더 이상 너희 마음대로 하도록 내버려두지 않을 거야"라는 말을 입에 올리고 마는 것이 저항입니다. 여기서는 가볍게 '권력'이라는 말을 사용했습니다만, 이 말이 정치권력만을 가리키는 것은 아닙니다. 지배적이고 체제적인 힘은 전부 권력입니다. 정체, 침체, 타성, 사고하지 않는 것, 불만이 있어도 울음을 삼키며 잠들거나 망각하도록 강요하는 것, 혹은 "뭐 어쩔 수 있나"라며 타협을 부추기는 모든 우월한 힘을 말합니다.

"이렇게 해야 하고 이렇게 되어야 한다"라고 하는 모든 의식적이거나 무의식적인 유무형의 추측과 판단이 넓은 의미에서 권력을 구동합니다. 예를 들자면 제도는 모두 권력을 가지고 있습니다. 어떤 일의 성격이 자명하게 보이도록 강제하는 것은 그 강제가 의식적이든 무의식적이든 전부 권력입니다. 자기 안에 그런 권력이 깃드는 일도 빈번합니다. 이런 넓은 의미의 권력과 맞서는 것이 '저항'일반입니다.

저항이 반드시 강한 의지를 바탕으로 굳게 결심하고, 무리를 해서라도 들고 일어나는 것만을 뜻하지는 않습니다. 물론 저항하다 보면 알력과 충돌을 피하기 어렵기 때문에 힘들고 고통스러운 것이 사실입니다. 하지만 저항은 보통 그만두려 해도 그만둘 수 없어서, 어떤 면에서는 자연스럽게 생기는 것입니다. 당사자가 아닌 사람에게는 부자연스럽게 보일 수도 있지만 말입니다.

그 자연스러운 저항의 방아쇠는 자기 안에서 조금씩 준비되어 당겨지기도 하지만, 어떤 외적인 상황이 자연스럽게 방아쇠를 당기기도 합니다. 누군가의 죽음이라든가 재해라든가 대대적인 부정이라든가 하는 것 말입니다. 이런 일들은 자신과 직접적으로 관련된 경우도 있지만, 자신과 직접적인 관계가 없더라도 어쩐 일인지 방아쇠가 당겨지기도 합니다. 의분이 끓어오르는 일 같은 것이 이에 해당할 것입니다.

저항의 형태는 여러 가지입니다. 물론 가장 쉽게 떠올릴 수 있는 이미지는 정치적 저항인 시위, 집회, 소환recall, 봉기, 테러 같은 것, 혹은 노동쟁의인 파업, 태업, 준법투쟁 같은 것, 또는 불매 운동이나 기타 보이콧, 기업에 대한 항의 등이겠지만 이런 것만이 저항은 아닙니다.

저항은 다양합니다. 예술 제작의 형태를 띠기도 하고, 농땡이나 무시의 형태를 취하기도 합니다. 또 사회적 규범의 위반이라는 형태로 나타나기도 합니다. 의도적이든 아니든 몸이 움직이지 않거나 병에 걸리는 것도 궁극적으로는 저항이 되기도 합니다. 몸이나 마음이 '말을 듣지 않거나 들을 수 없는' 것이지요. '이제 더는 못 하겠다, 이 대로는 내가 도무지 감당할 수가 없다'라는 생각으로 제 도권에서 볼 때 이상하거나 평범하지 않은 행동을 하는 것, 혹은 더 이상 움직이지 않는 것, 이것도 저항입니다.

저항에는 '좋고 나쁨'이 존재하지 않는다

저항은 그것이 잘될 것인가, 안 될 것인가라는 가치 판단과는 무관합니다. 그렇다고 전략적인 저항을 도모하는 것, 저항의 효과적인 조직화를 계획하는 것, 즉 '이기는 것'을 고민하는 일에 의미가 없다고는 할 수 없습니다. 이 길 수만 있다면 더할 나위 없이 좋겠지요. 하지만 획득해 야 할 효과나 성과에서 거슬러 올라가 저항의 시비를 묻 고 좋고 나쁨을 판정하는 것은 전혀 의미가 없습니다. 저 항에는 좋은 것도 나쁜 것도 없습니다. 이 부분은 앞으로 반복해서 이야기하게 될 것 같습니다.

예를 들어 저는 시위에 가끔 참가하는데요. 대체 시위 를 하러 가는 데 어떤 의미가 있을까요? 시위에 가도 대 개는 아무것도 변하지 않습니다. 군중이 모여 있는 사진을 공중 촬영하여 언론에 '그림'을 제공하거나 이슈가 된 주제에 관한 기사를 싣는 구실이 될 수는 있지만, 시위의 효과는 기껏해야 그 정도일 것입니다. 효과라는 측면에서 볼 때 정치 참여로서는 투표 쪽이 훨씬 더 정공법이라는 것에는 의심의 여지가 없습니다.

하지만 그렇다고 해서 시위에 가는 것을 부정해야 한다고는 생각하지 않습니다. 시위에 가는 것은 그 효과를 따져가며 하는 행위가 아닙니다. 정말로 화가 났을 때 스스로도 이유를 잘 모르는 채로 시위에 가게 되는 사람들이 있습니다. 그런 사람들은 어찌된 일인지 플래카드를 만들고, 정신을 차리고 보면 어느새 가스미가세키역[3]이나 곳카이기지도마에역[4] 등에서 하차하고 있습니다. 웬일인지 모르는 사람들과 섞여 무리를 만들고 있습니다. 도대체 자신이 왜 그러는지 모르겠지만 구호를 외치고 있습니다. 그뿐입니다.

여러분은 다른 사람한테 맞아서 "아파"라고 말하는 사

---

3 일본의 중앙 관청이 모여 있는 곳.
4 国会議事堂前駅(국회의사당앞역).

람을 보고 "네가 '아파'라고 해봐야 무슨 의미가 있겠어? 너를 때린 놈한테 반격을 가하지 않으면 아무 의미도 없어. 그리고 말이야, 애초에 그 '아파'라고 하는 목소리가 너무 작았다고. 어차피 소리를 낼 거면 상대방한테 확실히 들릴 정도로 크게 말해야지"라며 비판하시나요? 그런 비판은 무의미합니다.

맞을 때 "아파"라고 말했다면 그것은 이미 저항입니다. 그 자체는 아무 의미도 없다고 여겨지기도 할 테고, 애초에 효과를 전혀 예상할 수 없는 경우도 많습니다. 하지만 "이제 이런 것은 싫다"라는 말이 저절로 나오는 것, 저항이란 그런 것입니다.

그렇다면 이제 철학으로 다시 돌아가겠습니다. 철학 또한 저항입니다. 이는 지적인 저항입니다. 철학이라는 저항 역시 유용성이나 유효성으로 가치를 가늠할 수 없습니다.

다시 말해서 철학이라는 저항은 세계를 실제로 변혁한다고 할 수 없습니다. 세계에 실제적인 영향을 미칠 수 없습니다. 저항에 의해 상황이 바뀌는 일도 물론 있지만, 변하지 않는 경우도 많습니다. 이기기도 하지만 아주 많이

집니다.

그러나 이기든 지든 이 철학이라는 행위에 의해 그 순간 '세계를 보는 방식'은 이미 변하고 있습니다. 이와 같이 세계를 인식하는 감각에 획기적인 변화를 가져온다는 점에서 철학은 이미 저항을 거뜬히 수행해냅니다. 동시에 철학은 (일관성이 있어야 하는)[5] 개념이 그 변형을 버틸 수 있는 한계까지 바짝 다가가 저항을 계속합니다.

---

5   옮긴이가 더한 부분이다.

저항 예속된 자의

〈흔들리는 대지〉와 〈스파르타쿠스〉

그러니 "철학이란 개념을 운운하여 세계에 대한 인식을 갱신하는 지적인 저항"인 것으로 합시다. 앞으로는 구체적으로 어떤 행위가 철학인지, 거기에서 저항을 어떻게 확인할 수 있을지 개별 사례를 들어가며 살펴보겠습니다.

요컨대 어디에든 철학의 씨앗이 굴러다니고 있으며 어떤 사람이든 철학을 시작할 수 있습니다. 어디에든 권력 관계가 있고 도처에서 저항이 일어날 수 있습니다. 그런 저항에 대해 일관성 있는 개념이 될 법한 언어를 도입하여 세계에 대한 인식을 새롭게 조직하는 사람이 간혹 있는데요, 바로 '철학자'입니다. 그 시도가 성공할지 실패할지는 '철학자'에게 부차적인 문제입니다.

2장에서는 그러한 '철학자'를 유명한 두 편의 장편영화 안에서 찾아보도록 하겠습니다. 이 두 편의 영화는 서로 직접적인 관련은 없습니다. 그렇다고 해서 아예 공통점이 없는 것은 아닙니다. 둘 다 제2차 세계대전 이후 제도적 예속으로부터의 해방이라는 분명한 공산주의적 메시지를 가진 영화로 제작되었으며 그렇게 수용되었습니다. 그러니까 두 편 모두 좁은 의미의 '저항'에 관한 영화이기도 합니다. 그리고 둘 다 완전한 허구를 바탕으로 한 픽션이 아니라, 정말로 있었던 일을 참조해 만든 픽션입니다. 발상의 원천은 소설이지만, 각본은 원작에서 많은 부분 벗어나 있다는 점도 닮아 있고요. 나아가 두 영화 모두 현재 이탈리아의 영토에 속하는 한 지역을 무대로 합니다. 게다가 작품에 나오는 '철학자'는 양쪽 모두 영어식 애칭으로 부르면 '토니'입니다.

어쩌면 두 번째 영화를 제작한 사람들이 첫 번째 영화를 보았을지도 모르겠네요. 첫 번째 영화는 유명한 작품이니 보았다고 해도 전혀 이상한 일이 아닙니다. 하지만 그렇다고 해서 직접적인 영향을 분명하게 확인할 수 있는 것은 아닙니다. 우연이라고 하기에는 서로 너무 많은 연관성이 있는 것도 사실이지만요.

이 장에서 우리가 함께 볼 영화는 루키노 비스콘티 (1906~1976) 감독의 〈흔들리는 대지〉(1948)와 스탠리 큐브릭(1928~1999) 감독의 〈스파르타쿠스〉(1960)입니다.

〈흔들리는 대지〉

〈흔들리는 대지〉의 원제를 직역하면 '대지가 흔들린다'입니다. 작품에서는 원시적으로 돌을 쌓는 장면이나 위태로운 집에 대한 언급이 자주 나와서 어쩌면 지진이 일어나 모든 것이 붕괴할지도 모른다는 걱정이 들기도 하지만 마지막까지 그런 일은 일어나지 않습니다. '대지가 흔들린다'는 이야기의 중심에 있는 한 가족의 삶에 덮친 재앙을 비유한 표현에 지나지 않습니다.

이 작품은 조반니 베르가(1840~1922)의 장편소설 『말라볼리아가의 사람들』(1888)[1]에서 아이디어를 빌린 것이라고 하는데요. 원작과 영화 사이에는 '시칠리아의 어촌 아치 트레차에서 사업에 실패한 하층 서민을 덮친 가혹한 운명'이라는 큰 틀에서의 유사점밖에 없습니다. 그 외에 확인할 수 있는 것은 주인공 이름이 같다는 정도입니다.

애초에 비스콘티는 시칠리아 어민들의 생활에 관한 다큐멘터리를 찍을 예정이었습니다. 그 기획이 중간에 현지 주민이 직접 연기하는 전편 로케이션 극영화로 모습을 바꾼 것이지요. 원래 각본도 없었다고 합니다. 비스콘티가 그때그때 사소한 부분까지 꼼꼼하게 생각해 조감독에게 기록하도록 한 형태입니다. 이는 아래에서 다룰 등장인물의 '철학'이 원작자 조반니 베르가가 아니라 영화감독인 루키노 비스콘티에게서 나온 것임을 분명히 보여주는 부분입니다.

〈흔들리는 대지〉의 줄거리

이야기의 대략적인 줄거리는 다음과 같습니다.

이 작품에서 우리의 '토니', 즉 '안토니오'—그 지역에

---

1   '말라볼리아malavoglia'는 '의욕 없는, 내키지 않는, 마지못해 하는' 등을 뜻하는 이탈리아어로 저자는 책 제목 옆에 '의욕 없는 일가'라는 의미도 함께 적어두었다.

예속된자의 저항

서는 '느토니'라고 불리는 젊은이―는 발라스트로 일가의 장남입니다. 마을 어민들은 모두 겨우겨우 입에 풀칠하는 생활을 했습니다. 어렵사리 물고기를 잡아도 중간 상인에게 헐값에 빼앗기곤 했지요.

중간 상인과 협상하는 사람은 항상 연장자로 정해져 있었습니다. 발라스트로 집안에서는 할아버지가 그 역할을 담당했습니다. 하지만 토니를 비롯한 젊은이들은 연장자의 협상에 문제가 있다고 생각하여 자기들이 직접 교섭을 하기로 결정합니다. 중간 상인의 눈속임을 알아챈 그들은 중간 상인의 천칭 저울을 빼앗아 바다에 버리는 소동을 벌이다가 체포되고 맙니다. 하지만 젊은이들이 수감되면 노동력이 줄어들 것을 걱정한 중간 상인들이 고소를 취하합니다.

석방된 토니는 중간 상인의 존재야말로 빈곤의 원인임을 깨닫고 바다에서 잡은 물고기를 중간 상인에게 파는 대신 집에서 안초비[2]를 만들어 팔기로 합니다. 그는 동료 어부들에게도 함께 하자고 권하지만 아무도 동조해주

---

[2]   멸치류의 작은 물고기를 발효시켜 만든 젓갈.

지 않습니다. 오래된 집을 저당 잡히고 시작한 발라스트로 집안의 사업은 처음에는 물고기가 많이 잡혀 순조롭게 시작됩니다. 그러나 비바람을 뚫고 조업에 나선 토니의 배가 부서지면서 사업은 금방 좌초되고 맙니다. 발라스트로 일가는 이제 마을에서 따돌림을 당하는 존재로 전락합니다. 고기를 잡으러 나갈 수 없게 된 토니. 이제 누구도 토니에게 일거리를 주지 않습니다. 안초비도 결국 헐값에 빼앗기고, 저당 잡혔던 집도 압류당해 이들 가족은 극빈한 생활을 하게 됩니다.

그러는 사이 중간 상인은 배를 만들고 어부를 고용합니다. 토니는 수모를 참고 중간 상인과 계약하여 배를 탑니다. 이렇게 두 시간 반의 영화는 끝이 납니다. 이 대강의 줄거리에 할아버지의 입원, 토니의 연애와 파국, 여동생 마라의 연애와 파국, 여동생 루치아의 전락과 남동생 콜라의 가출 등 일련의 이야기가 겹쳐집니다. 정말 엎치락뒤치락하는 출구 없는 비극이라 하겠습니다.

사실 이 이야기는 그리스 비극과 같은 구조를 가지고 있습니다. 여기에서 신에 해당하는 것은 중간 상인, 나아가 자본주의입니다. 이 신이 정한 규칙에 대해 토니는 불

손하게도, 게다가 도와주는 사람 하나 없이 홀로 반역을
꿈꿉니다. 시간은 중간 상인의 편입니다. 시간이 흐르며
토니는 자연스럽게 곤궁한 상황에 처합니다. 계속해서
저항하던 토니는 예상대로 마지막에는 신의 법칙 앞에
무릎을 꿇습니다. 영웅은 신 앞에서 제 분수를 몰랐습니
다. 그리하여 영웅은 운명의 심판을 받고 최종적으로 좌
절하게 됩니다. 영화를 보는 우리는 신기하게도 마음이
정화되었다고 느낍니다.

토니의 연애

　뒤에 나오는 토니의 '철학'과도 관련이 있으니 그의 연
애와 파국에 관한 이야기도 일단 따라가 보려 합니다. 영
화 시작 부분에서 토니는 네다라는 여성에게 수작을 겁
니다. 그는 자신이 가난하기 때문에 네다의 부모가 결혼
을 허락해주지 않는다고 생각하여 "오늘은 부자라도 내
일은 가난해질지 몰라. 오늘 가난하다고 해도 […] 내일
은 부자가 될지 몰라"라고 말합니다. 그러자 네다는 "그렇
다면 이 이야기는 내일 하기로 해요"라고 응수합니다. 네
다도 토니가 그리 싫지만은 않은 모양입니다.

이야기가 진행되면서 발라스트로 집안의 사업이 처음에 잠깐 성공하는 듯하는데, 그때도 네다는 곧바로 긍정적인 대답을 해주지 않습니다. 그렇지만 데이트 신청을 거절하지도 않습니다. 마침내 데이트를 하던 날 해안의 바위 위에서 두 사람은 맺어집니다.

그런데 그 직후 발라스트로 집안의 몰락이 시작됩니다. 그러자 네다는 토니 앞에 모습을 드러내지 않습니다. 작품에 명시적으로 드러나지는 않지만 부모가 허락하지 않은 것이겠지요. 토니 자신이 처음에 한 말이 이른바 복선이 되어 그대로 이루어진 것입니다. 가난한 사람은 부자가 되고, 부자는 가난해진다. 부자일 때가 네다가 말하는 '내일'에 해당하며 그때는 구애에 성공하지만, 다시 가난해지자 이제는 배우자를 얻을 자격을 잃고 맙니다.

"바다의 물고기는 먹는 사람을 위해 존재한다"

이 괴로운 결말을 굳이 염두에 두고 이야기의 첫 부분으로 돌아가 보겠습니다. 이 영화는 출구 없는 비극이지만, 그렇다고 해서 이야기 가운데 웃음이 전혀 없는 것은 아닙니다. 그렇습니다. 그 웃음의 대부분이 비웃음이기는 하지만 이 비참한 영화의 이곳저곳에서 웃음소리가 들려옵니다. 참으로 기묘한 일입니다.

이 영화에서 가장 먼저 웃음소리를 들을 수 있는 부분은 다음 장면입니다. 아침에 발라스트로 집안의 남자들이 조업을 나갔다가 돌아옵니다. 토니는 오늘도 할아버지가 협상을 제대로 하지 못해 잡은 물고기를 중간 상인에게 헐값에 빼앗기고 온 것을 비난하고, 두 사람은 언쟁을 벌입니다.

그 뒤 토니는 "그대가 없으면 죽어버릴 거야, 사랑하는 거짓말쟁이 씨"라고 콧노래를 흥얼거리며 세수를 합니다. 그러자 옆에서 세수를 하던 남동생 콜라가 "그 노래 부르면서 페레타 거리의 그 여자를 떠올리는 거지?"라고 놀립니다. 이에 대해 토니는 콜라가 한 말처럼 네다를 염두에 두고 "바다의 물고기는 먹는 사람을 위해 존재하는 거야"라고 농담을 합니다. 그 자리에 있던 가족 모두가 남녀 구분 없이 가볍게 웃습니다.

이는 어부들의 흔한 농담으로 이해하면 될 것 같습니다. 여성을 사냥감 취급하는 듯한 품위 없는 농담입니다. 그렇기는 하지만 옛날 거친 어부들이 살던 마을이라면 아무렇지 않게 받아들일 수 있는 가벼운 농담이었을 것입니다.

그리고 여기에는 남동생에게 젠체하는 모습도 있습니다. 토니는 실제로는 네다를 사냥감처럼 취급하지 않습니다. 둘의 관계에서 남자가 여자를 '낚는다'든가 '잡아먹는다'든가 하는 느낌은 없습니다. 오히려 남자가 여자에게 찰싹 달라붙어서 다정한 말을 건네고, 여자 쪽도 전혀 마음이 없는 것은 아닌 상황입니다. 여자 쪽에서 일부러 마음에 없는 말을 하여 남자를 가지고 노는 느낌마저 있습니다.

토니는 휴식을 취하는 대신 네다를 만나러 갑니다. 왜 쉬는 대신 외출을 할까요? "남자들은 여자들한테 잡히기 위해 만들어졌기 때문이야. 마치 바다의 물고기가 먹는 사람을 위해 만들어진 것처럼 말이지"라는 내레이션이 들려옵니다. 즉 이 '먹고 먹히는' 관계는 존재한다고는 해도 어디까지나 상호적인 것으로 언제든지 반전될 수 있습니다.

시칠리아 속담

그런데 사실 이 말이 처음부터 연애의 뉘앙스를 띠었던 것은 아닙니다. 단순히 체념이나 운명론을 나타내는 시칠리아 속담을 인용했을 뿐입니다. 즉 원래 이 속담은 "어쩔 수 없다, 어떻게 할 방법이 없다"라는 뜻이었던 것이지요.

좀 옛날 노래이기는 하지만, 1970년대에 히트한 노래 〈헤엄쳐라 붕어빵 군〉[3]의 붕어빵은 바다로 도망을 칩니다. 하지만 결국에는 자신을 낚은 아저씨에게 잡아먹히지요. 그때 모든 것을 체념한 붕어빵이 "나는 역시 붕어빵이야"라고 중얼거리는데요, 이 속담과 아주 비슷한 느낌입니다. 그런 흔한 속담에 비스콘티는 연애의 뉘앙스를 집어넣은 것이지요.

또 이 속담 자체는 (형태가 조금 다르긴 하지만) 조반니 베르가의 소설 『말라볼리아가의 사람들』에도 등장합니다. 문맥은 다르지만요. 느토니(라는 이름에 성은 발라스트로가

---

3 이해하기 쉽도록 '다이야키たいやき'를 붕어빵이라고 번역했지만, 실제로는 바다에 사는 물고기인 도미를 닮았다. 그래서 노래에서도 강이 아니라 바다로 도망치는 것이다.

아니라 토스카노이며, 마을 사람들에게는 '말라볼리아가'라는 별명으로 불리는 사람)의 끈질긴 구애를 받는 바르바라라는 아가씨가 "바다의 물고기는 먹을 사람에게 보내진다"라는 말로 자신을 그만 포기해달라고 합니다. 이제 바꿀 수 없는 일이라면서요.

『말라볼리아가의 사람들』에는 이러한 농담이나 속담이 자주 등장합니다. 어부의 생활과 관련된 것이 특히 많습니다. "노를 젓기 위해서는 다섯 개의 손가락이 서로 도와야 한다", "선두가 없으면 배는 앞으로 나아가지 않는다", "술집은 바다의 항구와 같다", "물에 빠진 사람은 반드시 젖는다", "거친 풍랑을 만나면 좋은 선두를 알아보게 된다" 등등. 비스콘티는 이 가운데 하나를 골라 이야기 속에서 멋지게 작동하도록 손을 본 것입니다.

철학자의 탄생

여기까지만 보면 토니는 자신이 태어나 자란 세계에 어떤 인식의 전환도 가져오지 못했습니다. 어촌에서 통용되던 속담을 어렸을 때부터 자주 들었던 농담에 사용했을 뿐입니다. 가족들도 마치 약속이라도 한 듯 그저 웃어주었을 뿐이고요.

그 뒤 시간이 흘러 상황도 변합니다. 이미 확인한 것처럼 토니와 중간 상인 사이에는 갈등이 생깁니다. 토니는 감옥에 갇혔다가 석방되지요. 그때부터 토니는 곰곰이 생각합니다. 그리고 집을 저당 잡혀 사업을 하기로 마음먹습니다. 그는 우선 가족을 설득하고, 다음에는 동료 어부들 가운데 젊은이 몇 명을 설득하려 합니다. 결국 실패했지만 토니는 동료들을 설득하기 위해 다음과 같은 연설을 합니다.

다들 내 말 좀 들어봐. 내가 뭘 하려는지 한번 이야기해볼게. 몇 년 동안, 아니 몇 세기 동안 우리는 눈을 감고 있었어. 아버지들도 그랬고, 우리가 잘 모르는 아버지의 아버지들도 마찬가지였지. 며칠 전에 무슨 일이 있었는지 다들 봤잖아? 다들 어째서 라이몬도와 로렌초, 그리고 그 동료들[중간 상인들]한테 당하고 사는 거지? 그 녀석들이 잃은 게 뭐가 있어? 그 녀석들은 아무 리스크도 없이 벌어놓은 것을 죄다 가지고 가버리잖아. 리스크와 위험은 전부 우리 몫이야. 배와 비품 리스크,

동생들 리스크도 마찬가지야. 동생들은 비참한 감옥에 갇혀서 자라다가 우리와 마찬가지로 돼지겠지. 다들 이런 생각을 한다는 건 알고 있어. 나도 몇 번이나 그랬으니까. 결국 모든 것이 머릿속에서 뒤죽박죽이 되지. 물고기들이 출구 없는 그물 속에서 빙글빙글 도는 것처럼 말이야. 그러다가 우리는 포기하지. 이런 상황은 억지로라도 그물을 찢지 않으면 해결되지 않는다고. 그 녀석들은 우리를 위협하겠지! 무서워서 덜덜 떨라고 말이야! 누가 무서워하는데? 무서워하는 건 겁쟁이들뿐이라고! 그 녀석들을 무서워해서는 안 돼. 누군가 독립해서 일하기 시작하면 다른 사람들도 용기를 얻어서 뒤따를 거야. 그리고 우리한테 고맙다고 하겠지!

이렇게 '철학자' 토니가 탄생했습니다.

속담의 전용

이러지도 저러지도 못하는 자신의 생각을 그물에 잡힌 물고기에 비유했습니다. 이 그물은 중간 상인들이 쳐놓은 것이라 할 수도 있겠지만, 더 일반적으로 말한다면 자본주의가 쳐놓은 것이라 할 수 있을 것입니다. 그물 안에서는 아무리 생각을 해도 묘안이 떠오를 리 없습니다. 잡은 물고기를 전부 중간 상인에게 파는 지금의 시스템을 유지하는 한 생각은 그물 안에서만 빙글빙글 돌며 이리저리 뒤섞일 뿐입니다.

다시 말해서 여기서 물고기는 머릿속에서 뒤죽박죽 섞인 생각뿐만 아니라 그들 자신이라고도 할 수 있습니다. 어부인 자신들이야말로 중간 상인의 그물에 잡힌 물고기인 것이지요. '이런 상황'이라는 그물에서 벗어나기 위해서는 그것을 '억지로라도 찢어버려야' 합니다. 중간 상인에게 물고기를 빼앗기듯 헐값에 넘길 것이 아니라 스스로 안초비를 만들어 팔아야 한다는 것이지요.

토니는 중간 상인과 알력을 겪으며 자기들이 놓인 위치를 곰곰이 생각해보게 되었습니다. 그러다 평소 별 생각 없이 사용하던 그다지 특이할 것 없는 비유에까지 생각이 미칩니다. 바로 '여자/남자'에 겹쳐 사용하던 '물고기/잡는 사람'이라는 비유 말입니다. 여기서 잡힌 물고기를 자신들에, 잡는 사람을 중간 상인에 대응시켜 전용한 것이지요. 그러자 자본가에 의한 무산 계급 착취라는, 세상의 새로운 이미지가 갑자기 눈앞에 펼쳐집니다. 여자로 보이던 그물 속 물고기가 자기 자신으로 보이는 충격! 이렇게 말하면 좋을까요?

이참에 "바다의 물고기는 먹을 사람에게 보내진다"라는 속담이 드러내는 체념도 깨집니다. "어차피 우리 인생은 끝날 때까지 중간 상인의 먹이 취급을 당할 뿐이야. 그렇게 정해져 있어"라는 체념의 그물을 찢고, 운명에서 벗어난 물고기가 자영업의 길로 자유롭게 헤엄쳐 나갑니다. 이 시도는 너무나 순식간에 실패로 끝나고 말지만, 어쨌든 탈출은 이루어집니다.

이 어촌에는 이런 경우에 사용할 수 있는 잘 다듬어진 용어 같은 것이 없었습니다. '무산 계급', '자본가', '착취', '생산 수단', '잉여 가치', '하부 구조', '상부 구조', '계급 투쟁' 같은 잘 다듬어진 편리한 개념은 아무 데도 보이지 않았습니다. 그러니 당연하게도 토니는 그런 것을 활용할 수 없었지요.

이런 종류의 어휘가 없다고 해서 가혹한 현실 자체가 존재하지 않는 것은 아닙니다. 그 현실을 눈앞에 두고 토니는 저항합니다. 그 저항의 과정에서 마르크스주의 같은 것은 전혀 모르는 채로 경제의 냉혹한 구조를 깨닫고 문득 물고기의 비유를 건져냅니다. 단지 그 비유가 거기에 누구에게도 건져지지 않은 채 물속에 잠겨 있었기 때문입니다.

그 비유가 자기들의 곤궁한 상황을 드러내는 말로 사용되자마자 세계는 투쟁의 무대로 변합니다. 눈앞에 펼쳐져 있는 것은 이제까지와 다르지 않은 바닷가였지만 말입니다. "남자가 여자를 낚아 올린다"라는, 특별할 것 없던 함의는 어디론가 사라지고 말았습니다. 대신에 이 농담은 이제 "사람이 먹이처럼 취급된다"라는 현실을 꿰뚫어 보는 도구가 되었습니다.

토니는 '물고기'를 개념으로 만들어 세계의 지배적인 인식을 뒤흔들었습니다. 토니는 철학을 하고 있는 것입니다.

저항이 실패하더라도

앞에서도 여러 번 이야기했지만, 저항은 그 성패로 평가할 수 없습니다.

토니의 저항은 물고기 비유를 통해 비전을 얻었고, 그

비전은 세계에 대한 새로운 인식을 조직했습니다. 토니라는 물고기는 말하자면 중간 상인의 그물에서 도망쳐 나오기 위해 스스로 안초비를 만들고, 중간 상인을 통하지 않고 안초비를 파는 일을 계획합니다. 하지만 여러 가지 일이 있었고, 결국 이 시도는 실패로 끝납니다. 그리고 마지막에는 비참하게도 토니가 원래의 상황으로 되돌아가게 됩니다. 아니, 이제 상황은 예전보다 훨씬 더 나빠졌습니다.

그렇다면 이 저항은 쓸모없는 일이었을까요? 물론 전략에 관해 말하는 것이라면 명백히 쓸모없는 일이었다고 해야 할 것입니다. 결국 아무것도 제대로 되지 않았으니까요. 아니, 생활은 오히려 더 곤궁해지고 말았습니다.

하지만 저항은 쓸모가 있느냐 없느냐에 따라 평가해서는 안 됩니다. 사람은 그냥 저항합니다. 그뿐입니다. 저항은 중간 상인의 저울을 던져버리는 형태를 취하기도 합니다. 혹은 "개념을 운운하여 세계에 대한 인식을 갱신한다"라는 형태를 취하기도 하는데요, 이런 경우에만 우리가 '철학'이라고 부를 뿐이지요.

푸코와〈흔들리는 대지〉

저항은 그 성패를 넘어서 의미가 있다는 이야기를 할 때 제가 항상 염두에 두는 사람은 미셸 푸코(1926~1984)입니다. 푸코는 좁은 의미의 철학자이지요. 옆길로 새는 듯 보일지도 모르겠지만, 우연찮게도〈흔들리는 대지〉와 아주 조금 관련이 있기도 해서 잠시 설명을 해보도록 하겠습니다.

제가 여기에서 이야기하고 싶은 것은 1978~1979년에 전개된 '이란혁명' 때 푸코가 혁명군 쪽에 서서 논쟁을 펼쳤다는, 그다지 많이 알려지지 않은 기묘한 사실에 관해서입니다. 푸코는 이란까지 가서 르포르타주를 쓰고 저널리스트로도 활동했습니다. 더 정확하게 말하자면 푸코는 실은 혁명 세력 가운데에서도 반주류 온건파에 공감하고 있었습니다. 멀리서 보면 호메이니(1900~1989)를 옹호하는 듯 보이기도 했기 때문에 비난을 많이 받았습니다. 근대화에서 고루한 종교로 회귀하는 것을 어떻게 옹호할 수 있느냐는 것이었죠.

사실 그 근대화라는 것도 팔레비 왕조의 이익 독점 도구에 지나지 않았습니다. 그것을 아무런 거리낌 없이 옹

68

2
장

호할 수 없었던 것도 사실이지요. 그걸 감안하더라도 근대화에 반대하는 이란혁명은 어떻게 보아도 시대착오적인 종교로 회귀하는 것으로밖에 보이지 않았습니다. 왜 푸코가 그런 혁명을 옹호했는지 고개를 갸웃거리는 사람은 지금도 있고, 당시에도 있었습니다.[4]

 푸코가 했던 일련의 르포르타주 작업이 '군대는 대지가 흔들리는 때에'라는 제목의 기사로 시작되는 것은 매우 시사적이라 하겠습니다. 이 기사는 원래 이탈리아의 신문 〈코리에레 델라 세라〉에 게재하기로 하고 쓰인 것입니다. '대지가 흔들리는'이라는 표현은 실제로 그 무렵 이란에서 대지진이 일어난 것을 직접적으로 참조한 것입니다만, 이탈리아 사람이라면 누구나 알고 있는 고전 좌익

---

4   제2차 세계대전 이후 팔레비 왕조는 냉전 체제하에서 미국의 지원과 석유로 인한 이윤을 독점하고, 국민에 대해서는 탄압 정치로 일관했다. 이슬람교 시아파 종교 지도자 호메이니 등은 이를 이슬람교도 공동체의 위기로 보고 이슬람원리주의에 기초하여 왕조 타도, 이슬람 공동체 재건을 주장하는 운동의 선두에 섰다. 이에 좌익 세력과 상인층도 호응하여 이슬람원리주의를 축으로 하는 국민 대결합 운동이 전개되었고, 결국 팔레비 왕조가 붕괴하고 새로운 이슬람 공화국이 탄생했다.

영화를 의식한 표현이기도 했습니다. 그렇습니다. 이미 말씀드린 것처럼 영화 〈흔들리는 대지〉의 원제는 '대지가 흔들린다'입니다.

이란혁명이 진행되면서 호메이니파가 장밋빛 미래를 가져오지 않으리라는 점이 분명해지자 푸코를 비난하는 목소리는 점점 더 거세졌습니다. 사실 푸코 자신은 '호메이니 만세' 같은 말은 한 적이 없고, 결국엔 호메이니파에서 배제되고 마는 온건파를 지지하고 있었지만 이런 세세한 지적은 아무도 귀담아 듣지 않았지요.

봉기는 쓸모없는가

이란혁명 말기에 이 일련의 흐름을 겪은 뒤 푸코가 쓴 「봉기는 쓸모없는가?」라는 텍스트가 있습니다. 봉기하는 것에는 아무런 이득도 없을까요? 전체를 참조해야 할 텍스트이지만 여기에서는 우리의 논의에 직접적으로 관련된 한 구절만 보도록 하겠습니다.

"봉기는 쓸모없다. 무엇을 하든 결국에는 마찬가지다"라는 말에 나는 찬성할 수 없다. 권력에 맞서 자신의 목숨을 거는 사람에게 이렇게 말할 수는 없다. 반항하는 것은 합리적인 일일까, 합리적이지 않은 일일까? 이 질문에 대한 답은 하지 않으려 한다. 사람은 봉기한다. 이는 하나의 사실이다. 봉기를 해야 주체성(위인이 아니라 누구라도 상관없는 인간의 주체성)이 역사에 흘러들어 숨을 불어넣는다. 범법자는 목숨을 걸고 남용되는 징벌에 맞선다. 광인은 감금되어 권리를 박탈당하는 것을 더이상 참지 않는다. 민중은 자신을 억압하는 체제를 거부한다. 그렇게 한다고 해서 범법자가 무죄가 되는 것도 아니고, 광인이 치유되지도 않으며, 민중이 약속된 내일을 보장받는 것도 아니다. 게다가 누구에게도 그들과 단결할 의무는 없다. 이 혼란스러운 목소리가 다른 목소리보다 노래를 더 잘한다거나 진실 그 자체를 말하고 있다고 볼 필요도 없다. 그런 목소리에 귀를 기울이고, 그들이 말하고자 하는 바를 알아내려 노력하는 것이 의미를 갖는 데는 그런 목소리가 존재하고 이들을 침묵시키려는 모든 것에 저항하는 이들이 존재한다는 사실만으로도 충분하다.

다시 말해서 싸우지 않고 방관하는 사람들은 싸우며 저항하는 사람들을 비웃겠지만, 그렇더라도 차가운 강물 속 물고기처럼 계속 헤엄쳐 앞으로 나아가야 한다는 것이지요.

반항한다고 해서 어부들이 중간 상인의 손에서 완전히 벗어날 수 있는 것은 아닙니다. 자칫 잘못하면 이전보다 더 끔찍한 상황이 기다리고 있을지도 모르죠. 그럼에도 불구하고 "사람은 봉기한다. 이는 하나의 사실이다. […] 이 혼란스러운 목소리가 다른 목소리보다 노래를 더 잘한다거나 진실 그 자체를 말하고 있다고 볼 필요도 없다"라고 말했습니다.

속담이 바탕이 된 어부들의 농담을 재료로 삼아 토니가 간신히 만들어낸 개념의 노래가 저항인 이상 그것만으로도 이미 의미가 있습니다. 정당성이나 전략적 성패 등은 저항에서 가장 우선적으로 질문해야 할 사항이 아닙니다.

〈스파르타쿠스〉

다음으로 스탠리 큐브릭 감독의 영화 〈스파르타쿠스〉

를 살펴보도록 하겠습니다. 〈흔들리는 대지〉는 픽션이지만, 현실을 취재하고 시칠리아 주민들에게 연기를 맡긴 절반은 다큐멘터리 영화였다고 할 수 있습니다. 〈스파르타쿠스〉 또한 픽션이지만 역사적인 사실을 취재하여 만든 세 시간이 넘는 장대한 극영화입니다.

고대 로마시대에는 몇 차례 노예 반란이 일어났습니다. 공화제 시기에 대규모로 일어난 반란은 '노예 전쟁'이라고 부르는데 제1차 노예 전쟁(기원전 135년~기원전 132년), 제2차 노예 전쟁(기원전 104년~기원전 100년), 제3차 노예 전쟁(기원전 73년~기원전 71년)이 있었습니다. 이 가운데 규모가 가장 컸던 것은 제3차 노예 전쟁입니다. 이 반란이 진압된 이후로 고대 로마제국에서는 더 이상 커다란 노예 반란은 일어나지 않았다고 합니다. 이 제3차 노예 전쟁의 우두머리 가운데 한 사람이 스파르타쿠스라는 인물입니다. 영화 〈스파르타쿠스〉에서는 커크 더글러스(1916~2020)가 연기한 인물이죠.

커크 더글러스는 영화의 총 제작도 맡았습니다. 이 글에서는 영화 〈스파르타쿠스〉가 스탠리 큐브릭의 작품이라기보다는 커크 더글러스의 작품이라는 것을 전제로 이

예
속
된
자
의

저
항

야기를 해보려고 합니다.[5]

　노예 검투사였던 스파르타쿠스는 여러 일을 겪다가 노예 반란을 조직하게 됩니다. 한때는 로마공화국을 압도할 정도로 세력을 키우지만 최종적으로는 반도의 남동부로 내몰려 죽고 반란도 끝이 납니다. 영화의 큰 줄거리는 역사적 사실 그대로입니다.

　여러모로 다른 부분도 있습니다. 여기에서는 얼마나 같고 다른지를 상세하게 설명하지는 않겠습니다만, 아무튼 영화에서는 극영화가 드라마틱하게 성립하기 위해 사료에 없는 디테일을 망설임 없이 추가했습니다. 다양한 인물을 배치한다든가, 주인공이 죽는 장소를 바꾼다든가……

　애초에 원작인 하워드 패스트(1914~2003)의 장편소설 『스파르타쿠스』(1951)에도 가공의 인물이 몇 명이나 등

5　처음에 이 영화의 감독을 맡은 사람은 앤서니 만(1907~1967)이었다. 그러나 그는 촬영이 시작되고 얼마 후 제작과 주연을 맡은 커크 더글러스에 의해 해고되었고, 그 뒤를 이어 감독을 맡은 사람이 신예 스탠리 큐브릭이었다. 하지만 큐브릭은 영화 제작 과정에서 생긴 여러 일들로 인해 자신의 필모그래피에서 이 영화를 뺀 것으로 알려져 있다.

장하여 자유롭게 행동합니다. 그런 인물 가운데 가장 눈에 띄는 사람은 스파르타쿠스의 반려인 바리니아와 마지막에 바리니아를 구하는 그라쿠스일 것입니다. 시나리오 작가 돌턴 트럼보(1905~1976)는 이 소설을 원작으로 삼아 더 자유롭게 이야기를 만들어 넣었습니다.

이야기가 나온 김에 밝히자면 하워드 패스트와 돌턴 트럼보는 모두 제2차 세계대전 이후 미국에 불어닥친 반공주의에 의해 막대한 피해를 입은 인물로 잘 알려져 있습니다. 이 소설과 영화의 성립은 각각 반공주의에 대항하는 명확한 메시지라 할 수도 있습니다. 하지만 여기서 그 부분에 깊이 들어갈 생각은 없습니다.

다시 원래 이야기로 돌아가겠습니다. 이 영화에는 스파르타쿠스를 비롯해 실제 인물도 많이 등장합니다. 예를 들자면 뒤에 나올 크라수스는 역사상 실재했던 정치가 마르쿠스 리키니우스 크라수스에 해당합니다. 하지만 이들 인물의 외향이나 행동이 역사적 사실에 부합한다는 보장은 어디에도 없습니다.

〈스파르타쿠스〉의 줄거리

매우 유명한 작품이므로 어쩌면 줄거리를 이야기할 필요가 없을지도 모르겠습니다. 그래도 혹시 모르니 영화의 줄거리를 써보겠습니다. 다음과 같습니다.

리비아에서 노예가 된 스파르타쿠스라는 한 반항적인 남자가 시찰하러 온 검투사 양성소 소장에게 발탁되어 다른 다수의 노예와 함께 훈련을 받게 됩니다. 이 검투사 양성소에서 바리니아라는 여자 노예를 만나고 둘은 서로 호감을 품게 됩니다. 어느 날 이곳을 크라수스라는 로마 귀족이 방문합니다. 그는 소장에게 자신의 여흥을 위해 검투사들이 서로 죽이도록 싸움을 붙이라고 요구합니다. 또한 바리니아가 마음에 든다며 돈을 주고 그녀를 삽니다. 스파르타쿠스는 드라바라는 동료와 싸우다 절체절명의 위기를 맞습니다. 그런데 스파르타쿠스에게 이겨 승자가 되기 직전이었던 드라바가 그 순간 문득 귀족들에게 칼을 겨누고 반항을 하다가 살해당하고 맙니다.

스파르타쿠스는 반란을 일으키고 검투사들도 이에 동조합니다. 다른 노예들도 반란군으로 집결합니다. 크라수스의 휘하에 있다가 도망쳐 온 바리니아도 합류합니다. 반란에 가담한 노예 집단의 규모가 점점 커져 로마군을 급습하는 데 성공합니다. 이들은 반도 남단의 항구에서 배를 타고 각자의 고향을 향해 탈출하기로 계획을 세웁니다.

그러나 스파르타쿠스와 동료들은 점차 로마군에 쫓기는 신세가 되고, 결국에는 참패를 당하고 맙니다. 스파르타쿠스는 끝까지 남은 수천 명의 동료와 로마시 외곽에서 십자가에 못 박히는 형을 당합니다. 바리니아는 스파르타쿠스와의 사이에서 낳은 아기와 함께 크라수스에게 끌려가지만, 크라수스와 적대적 관계에 있던 그라쿠스가 손을 써주어 자유인이 되어 아기와 로마를 탈출합니다. 탈출하는 길에 바리니아는 거리에서 십자가에 매달린 남편 스파르타쿠스에게 다가가 아들이 풀려났음을 간신히 전합니다. 영화는 이렇게 끝이 납니다.

이 또한 〈흔들리는 대지〉 못지않은 절망적인 이야기이며, 이 절망이 주인공의 인간적인 위대함을 조명한다는 점에서는 마찬가지로 비극적이라 하겠습니다. 스파르타쿠스의 아내와 아들이 살아남았다는 것은 일견 구원처럼 보여서 비극의 이야기 구조 안에서는 화룡점정에 완벽하게 도달하지 못한 듯도 합니다. 하지만 십자가에 매달린 채 곧 찾아올 죽음을 기다리면서 뚜렷한 의식으로 아내와 아들의 탈출을 본다는 것은 구원이 아니라 상궤를 벗어난 고통일 것입니다.

이 작품을 다 본 후에 찾아오는 복잡한 감정은 어쩌면 마음의 정화 그 이상의 무엇일지도 모르겠습니다. 속이 뒤집어질 정도로 견디기 힘든 마음 때문에 역설적으로 그 숭고함이 한층 더 커지는 바로 그런 감정입니다.

인텔리 노예 안토니누스

이제 이 영화의 '토니'에 관하여 이야기할 때가 온 것 같군요. 안토니누스입니다. '안토니우스'라는 이름의 다른 형태이기도 합니다.

안토니누스는 역사 속에서 존재를 확인할 수 없는 인물입니다. 하워드 패스트의 원작에도 등장하지 않습니다. 바리니아도 가공의 인물이긴 하지만, 패스트가 창조한 인물이었지요. 이와 달리 안토니누스는 시나리오 작가인 트럼보가 완전히 새로 만들어낸 인물입니다.

커크 더글러스의 자서전 『넝마주이의 아들』(1988)에 의

하면 배우 토니 커티스(1925~2010)가 이 영화에 출연하고 싶다고 강력하게 원하는 바람에 급히 트럼보에게 하나 만들어달라고 한 역할이라고 합니다. 아마도 배우의 이름 '토니'에서 '안토니누스'라는 이름이 나오지 않았을까 생각합니다.

안토니누스는 노예입니다. 시를 낭송하는 일을 하는, 읽고 쓸 줄 아는 인텔리 노예입니다. 크라수스의 소유로 항상 크라수스 옆에서 시중을 듭니다. 작품 안에서는 크라수스가 그를 성애의 대상으로 착취하려는 계획을 세웠음이 암시되기도 합니다. 하지만 안토니누스는 크라수스가 한눈을 파는 사이에 도망을 갑니다. 그런 다음 이미 봉기한 스파르타쿠스와 동료들에게 합류합니다.

시칠리아 출신

안토니누스는 영화에 처음 등장할 때부터 출신이 분명하게 드러나 있습니다. 그의 출신지는 우리가 놀라기에 충분합니다. 바로 시칠리아입니다. 애초에 그는 시칠리아 총독이 크라수스에게 선물한 노예 가운데 한 명이었습니다.

그런데 이 세부 사항은 트럼보가 완성한 시나리오의 최종본에서는 확인되지 않습니다. 트럼보의 시나리오는 실제 제작 단계에서 수정된 부분이 많을 테니 시칠리아 출신이라는 세부 사항은 더글러스가 한 설정이라고 추측하는 것이 자연스러워 보입니다.

참고로 노예들의 출신지가 무의미하게 설정된 것은 아니라고 알려져 있습니다. 가장 유명한 것은 바리니아의 사례일 것입니다. 처음에는 게르만인이라는 설정으로 독일인 배우를 캐스팅했다고 합니다만, 그 배우가 촬영 초반에 현장을 떠나고 최종적으로는 브리타니아 출신이라는 설정으로 영국 배우 진 시먼스(1929~2010)가 캐스팅되었습니다.

안토니누스의 출신지 이야기로 돌아가 봅시다. 확실하게 증명할 수 있는 이야기는 아닙니다만, 안토니누스가 시칠리아 출신이라는 설정은 영화 〈흔들리는 대지〉를 보았음이 틀림없는 총 제작자 커크 더글러스가 배우 토니 커티스의 이름을 살리면서 함께 만든 장치일지도 모릅니다. 다시 말하면 시칠리아 사람 토니는 뒤에서 이야기하겠지만 '철학'을 하는데요, 2000년의 시간을 건너와

시칠리아 어촌에서 거의 같은 이름으로 환생하여 또다시 '철학'을 하는 것입니다. 〈스파르타쿠스〉를 〈흔들리는 대지〉의 프리퀄(전일담前日譚) 같은 것으로 읽는 것도 가능하다는 뜻이지요. 물론 안토니누스가 시칠리아 출신이라는 설정이 완전히 우연에 의한 것일 수도 있습니다. 확실하다고 할 수는 없지만, 이 디테일이 커크 더글러스가 비스콘티 감독에게 바친 작은 신호, 희미한 오마주일지도 모른다는 미약한 가설에는 나름의 매력이 있습니다.

그런데 안토니누스는 시를 읽는 것밖에 할 줄 몰랐습니다. 그 외에 할 수 있는 것은 저글링과 마술 정도였지요. 처음 만난 자리에서 안토니누스가 자신의 특기를 이렇게 설명하자 스파르타쿠스는 "그렇다면 로마인들을 사라지게 해주겠어?"라며 가볍게 놀립니다. 전투원으로는 쓸모가 없다는 뜻이지요. 하지만 곧 그가 시를 낭송하고 마술을 하여 사람들의 마음을 달래줄 수 있다는 것을 알게 됩니다. 스파르타쿠스는 안토니누스를 곁에 두고 문서 읽는 일을 하게 합니다.

"내가 스파르타쿠스다"

이제 영화는 끝을 향해 갑니다. 스파르타쿠스와 동료들은 전투에서 지고 말았습니다. 반란을 일으킨 노예들을 쫓아온 크라수스는 누가 주모자 스파르타쿠스인지 밝히면 나머지는 모두 살려주고 원래의 노예 신분으로 돌아가게 해주겠다, 그렇게 하지 않으면 모두 십자가에 매달아 죽이겠다고 말합니다.

스파르타쿠스는 자기가 정체를 밝히면 다른 모두의 목숨을 구할 수 있었기에 결심을 하고 자리에서 일어서려 합니다. 그러자 그 순간 바로 옆에 있던 안토니누스가 일어서 "내가 스파르타쿠스다"라고 말합니다. 이 말이 신호가 된 것처럼 주변에 있던 동료들도 차례로 일어나 "내가 스파르타쿠스다", "내가 스파르타쿠스다"라고 말하기 시작합니다.

나중에 크라수스는 반란을 일으킨 노예들 가운데서 안토니누스를 알아보고 그 옆에 있던 스파르타쿠스 장본인을 꿰뚫어 봅니다. 두 사람에게 검투를 시켜 승리한 자를 십자가에 매달겠다고 합니다. 스파르타쿠스는 십자가에 매달리는 치욕에서 안토니누스를 지키기 위해 그를 죽이고 눈물을 흘립니다. 안토니누스의 활약은 이렇게 끝이 납니다.

커크 더글러스의 의도

"내가 스파르타쿠스다"라고 외치는 장면은 아마도 이 영화에서 가장 잘 알려진 부분일 것입니다. 기억과 감정에 호소하는 강렬한 장면입니다. 물론 이 장면은 전부 픽션입니다. 패스트의 소설에도 나오지 않습니다. 트럼보의 시나리오 최종본에도 같은 형태로 존재하지는 않습니다. 이에 관해서는 총 제작자 커크 더글러스의 회고록 『내가 스파르타쿠스다!』(2012)에 언급되어 있습니다. 이 책에 따르면 더글러스는 큐브릭 감독에게 "리더(스파르타쿠스)에 대한 노예군의 충성심을 극적으로 보이기에 아주 좋은 아이디어"라고 적은 메모를 건네주었다고 합니다. 그러나 더 정확하게 말하면 이 아이디어는 트럼보의 시나리오 최종본 이전의 여러 버전 가운데 하나에 포함되었던 것으로 이를 더글러스가 되살린 것이라고 합니다.

더글러스가 큐브릭에게 건넸다는 메모의 세부 내용은 영화의 실제 장면과 다릅니다. 그러니까 그 메모가 촬영으로 이어지기까지 그 사이에 또 얼마간의 손길이 더해진 것이지요. 그렇다고는 해도 우리가 확인하려 하는 기본적인 아이디어는 이미 이 메모 단계에 등장합니다. 『내가 스파르타쿠스다!』를 한번 살펴보겠습니다.

전투가 끝이 나고, 전장 근처 계곡에 잡힌 사람[싸움에 진 반란 노예]을 모두 모아놓았다. 대부분은 이미 쇠사슬에 묶인 채 압송을 기다리며 앉아 있었다. 모두 맥이 빠진 채였다. 그곳은 로마군 병사들과 말 위의 장군들, 그리고 죄수용 사슬을 쌓아놓은 마차로 북적거렸다······.

멀리 떨어진 언덕 위에서 귀족 크라수스가 말을 타고 온다. 그는 잡혀 온 반란 노예들을 내려다보고 있다. 옆에는 부하 장군이 한 명 있다. 크라수스가 신호를 보내자 장군은 말을 탄 채 노예 몇몇을 데리고 언덕을 내려간다.

장군이 스파르타쿠스가 살아 있든 죽었든 누구인지 말하는 자는 자유의 몸이 될 것이라고 공표한다. 반란 노예들 사이에 갑자기 침묵이 찾아든다. 스파르타쿠스가 일어나려 하는데…….

그때 갑자기 안토니누스가 불쑥 일어나 팔을 흔들며 "내가 스파르타쿠스다!"라고 한다. 유대인 다비드[반란 노예 중 한 명]가 안토니누스를 따라 말한다. 그러자 곧 몇 백 명이나 되는 노예들이 모두 벌떡 일어나 행복한 목소리로 "내가 스파르타쿠스다!"라고 외친다.

크라수스는 죽음을 선고받은 사람들의 무리에 자신의 승리가 조롱당하는 것을 홀로 바라본다. 그리고 말의 방향을 바꿔 자리를 떠난다. 그의 귀에 노예들이 기쁨에 들떠 열광하며 한목소리로 외치는 "스파르타쿠스…… 스파르타쿠스…… 스파르타쿠스!" 소리가 점점 크게 들려온다.

시칠리아 사람 토니의 '철학'이 탄생하는 순간입니다.

안토니누스의 기지

그렇다면 이 안토니누스의 기지란 어떤 것일까요? 거짓말을 해서 스파르타쿠스 대신 죽으려 했다는 의도는 바로 알 수 있습니다. 힘없는 시인 나름의 최후의 공헌인

셈이지요. "리더에 대한 충성"이라는 커크 더글러스의 설명이 완전히 틀린 것도 아닙니다.

하지만 이 인텔리 노예의 기지에 그런 의도가 있었다는 이야기로 끝내기는 무언가 아쉽습니다. 그 장면에서 우리가 허를 찔린 듯 일순간 멍해지는 것은 안토니누스의 비범한 용기 때문만은 아닙니다. 영화 속에서 이름이 불리는 주요 배역이든 아니든 간에 안토니누스의 속내를 알아차리고 차례로 일어서는 동료들의 그 강한 연대의식에 압도되기 때문이 아닐까요?

안토니누스의 발언과 행위, 혹은 간단히 발화라는 행위는 이미 그 연대를 상정하고 제시되었던 것입니다. 그렇지 않았다면 다른 동료들이 이 발화 행위가 지니는 의미를 그렇게 신속하게 이해하지는 못했을 것입니다. 그러니까 "내가 스파르타쿠스다"라는 말은 "내가 스파르타쿠스 대신 죽겠다"라는 뜻만이 아니라 또 다른 숨겨진 메시지를 발신하고 있었던 것이지요. 그 숨겨진 메시지는 굳이 설명하자면 아마도 다음과 같은 내용일 겁니다. 이는 물론 제멋대로의 상상이지만 그렇다고 아주 틀린 이야기 같지는 않습니다.

너희는 주모자 스파르타쿠스를 특정하고 싶겠지만 그렇게는 안 될걸. 너희는 절대로 스파르타쿠스를 찾지 못할 거야. 스파르타쿠스가 아닌 내가, 아무 힘도 없는 나지만 '그럼에도 불구하고 내가 스파르타쿠스다'라고 말할 거야. 언뜻 보면 이건 나를 스파르타쿠스라고 특정하게 하려는 행동으로 보일지 몰라. 그래, 그것도 부정할 수 없는 사실이긴 하지. 하지만 동시에 누구든 스파르타쿠스가 될 수 있다는 뜻이기도 해. 스파르타쿠스의 대타 이전에 누구든 이미 스파르타쿠스인 거야. 단 한 사람의 진짜 스파르타쿠스만이 이 반란의 주체라는 것은 안 될 말이지. 주모자로 지목된 한 사람에게 모든 책임을 지운다는, 너희의 그 낡아빠진 모델 자체가 틀린 거야. 한 사람이 반란을 일으키고, 다른 사람들이 그에 노예처럼 따르는 것이 아니라고. 너희 눈앞에 있는 우리를 잘 봐. 어때? 스파르타쿠스는 우리 전체를 대표하는 큰 인물이고, 나는 내 목숨을 걸어서라도 그를 지키고 싶은 게 사실이야. 하지만 그와 동시에 잊지 말아야 할 것은 우리가 자유롭게 무리를 이루고 일치단결하여 반란을 일으켰다는 거야. 그러니까 지금

너희가 스파르타쿠스를 찾아내지 못하는 것 아니겠어? 우리 모두가 반란의 주모자이니까. 그렇다면 누구든 너희가 말하는 스파르타쿠스로 인정받아야겠지. 너희가 하고 싶은 대로 하도록 내버려두지 않겠어. 우리는 이미 노예가 아니거든. 자유를, 자유롭게 선택하는 것이지. 나는 정말로 스파르타쿠스라고.

여기에 숨겨진 메시지는 크라수스보다는 오히려 동료들에게 즉시 전해졌습니다. 말이 끝나자마자 곧바로 "내가 스파르타쿠스다"라는 연쇄 작용이 일어났지요. 기묘하게도 이는 전장의 함성처럼 울려 퍼졌습니다. 패잔병들에게 함성이라니 모순처럼 보이지만, 그들의 외침은 실제로 압도적인 승리의 분위기를 띠고 있었습니다.

저에게는 "내가 스파르타쿠스다"라는 함성이 스파르타쿠스에 대한 충성심으로는 전혀 들리지 않습니다. 그보다는 모두가 "나 또한 정말로 이 반란의 주모자다"라고 말하는 특별하고 신비로운 인식을 공유하는 것처럼 들립니다. 이 인식이야말로 반란 노예들을, 말하자면 즉시 자유롭게 했다고 할 수 있습니다.

역설적이게도 이 장면만큼 노예들의 자유가 한껏 표출된 장면도 없습니다. 그런 의미에서 "내가 스파르타쿠스다"라는 외침은 세계에 대한 인식을 갱신하는 개념입니다. 보다 정확하게 말한다면 "내가 스파르타쿠스다"라는 발화 행위에 의해 '스파르타쿠스'는 반란 주모자라는 개념을 갱신했다고 해도 좋겠습니다.

원형 연판장이 발명되는 순간

너무 억지로 꿰어 맞추는 듯 보일 수도 있지만, 안토니누스의 이러한 개념 갱신은 비유하자면 원형 연판장이 발명되는 순간을 영화화한 것이라고 간주해도 좋을 것 같습니다. 아시는 대로 원형 연판장은 일본 역사에서도, 세계사에서도 널리 발견됩니다. 서열에 따라 줄을 세우지 않고 찬성하는 사람의 서명을 나열하는 발명품입니다. 근세 일본의 무장봉기에서 사용되었다는 사실도 잘 알려져 있지요.

분명 관련된 사람의 이름이 나열되어 있지만 그 자체를 동그랗게 만들면 시작도 끝도 존재하지 않게 됩니다. 그렇게 하면 누가 주모자인지 알 수 없게 되지요. 말 그대로 '필두筆頭'라는 존재를 근본부터 가장 영리하게 말소해버린 장치라고 할 수 있습니다.

안토니누스의 기립과 절규는 반란 노예의 이름이 전부 스파르타쿠스로 바뀔 가능성을 제시했습니다. 그렇게 하여 자신들을 평등하게, 즉 순식간에 원형으로 배치하는 구조를 만들었습니다. 이제 모든 참가자가 "내가 스파르타쿠스다"라고 외치며 이념상의 원형 연판장에 서명하는 일만 남은 것이죠.

마지막으로 반복해서 말씀드리지만, 그들의 자유는 찰나였고 거의 관념에 불과했습니다. 이는 말할 필요도 없는 사실입니다. 결국 그들은 모두가 반란 노예인 채로 죽을 운명을 맞았고, 아무도 그 무서운 운명에서 도망치지 못한 채 영화는 끝이 납니다. 그러니까 이 저항은 아무런 도움도 되지 않았던 것이지요.

하지만 안토니누스의 저항이 지니는 의미는 반란의 성패로 헤아릴 수 있는 것이 아닙니다. "사람은 봉기한다. 이는 하나의 사실이다."

주식 主食 을 빼앗긴다는 것

가야노 시게루

앞 장에서는 명작 영화에서 얻은 철학적 영감 두 가지를 설명해보았습니다. '바다의 물고기', '내가 스파르타쿠스다'와 같은 표현을 철학 개념이라고 부르는 것을 여전히 망설이는 분이 있을지도 모르겠습니다. 이러한 것들은 개념이라기보다는 예시라고 부르는 것이 맞지 않나 생각하는 분도 있을 것입니다. 픽션 속 등장인물의 언행을 철학이라고 부르는 것이 마음에 들지 않는 분도 있을 테고요.

제 생각에 이는 단지 익숙한가 아닌가의 문제일 뿐입

니다. 궁극적으로는 개념을 고집하여 인식을 갱신하는 저항 행위로서의 철학을 어떤 장소에서든, 어떤 형태로든 볼 수 있다면 좋지 않을까 생각합니다. 애초에 이 책은 그런 감각을 배양하는 훈련의 장으로서 구상한 것이기 때문에 처음에는 조금 위화감이 들더라도 미안하지만 익숙해지기까지 조금만 참아주시면 좋겠습니다.

이렇게 밀어붙이고 싶은 마음이 크지만, 처음부터 너무 많이 건너 뛰어온 것이 사실일지도 모릅니다. 이 장에서는 좀 더 개념다운 겉모습을 한 개념을 다루어보겠습니다. 이제부터 소개할 '철학자'는 허구의 이야기를 위해 만들어진 인물이 아니라 실존했던 인물입니다. 그렇기는 해도 이 사람 역시 좁은 의미의 '철학자'는 아닙니다. 바로 가야노 시게루(1926~2006)입니다.

가야노 시게루는 자민족 문화를 재야에서 오랫동안 연구해온 아이누[1] 문화 연구자입니다. 그는 아이누 문학과 민속이 소멸 위기에 있던 시기에 아이누의 한 사람으로서 이를 제대로 보존하고 계승하기로 결심했습니다. 그가 수집한 민구民具는 시시리무카 니부타니 아이누자료관으로 결실을 맺었습니다. 또 많은 구전문학이 문자로 기록되어 일본어로 번역, 출판되어 햇빛을 보았습니다.

가야노 시게루는 완벽한 이중 언어 사용자로서 언어 감각이 뛰어났습니다. 아이누어와 일본어 모두를 능숙하게 구사할 수 있는, 말하자면 천재적인 재능이 있는 사람이었습니다. 그는 이런 능력을 살려 아이누어 사전도 편찬했습니다. 또 아이누 민족의 존엄과 자립을 위해 사회 정치 운동에도 몸을 바쳤습니다. 1994년에는 참의원 의원이 되었습니다. 참고로 지금까지 아이누 인물 가운데

1　홋카이도 일대의 선주先住 민족. '아이누'란 아이누어로 '인간'을 뜻한다. 홋카이도뿐만 아니라 혼슈 북부, 사할린, 쿠릴열도에 걸쳐 거주하며 수렵, 어로, 목축 등에 종사한다. 독자적인 언어와 문화를 형성하였으나 17세기 바쿠한(막번幕藩) 체제에 편입된 후로 산물과 노동력을 수탈당하기 시작했다. 19세기 후반 메이지 정부의 북방 진출과 본토인들의 집단 이주 과정에서 토지 및 수렵의 권리 등 생활 기반을 빼앗겼으며 언어와 전통 문화를 금지당하고 강제 이주와 동화의 대상이 되었다. 현재 3만 명 이하의 인구가 홋카이도 등지에서 생활한다. 선주민, 소수민족의 권리에 대한 국제사회의 인식이 향상되면서 1997년 오랜 억압과 차별의 법적 토대였던 「홋카이도 구토인舊土人 보호법」(1899)이 폐지되고 「아이누 문화 진흥법」이 제정되었으나 공식적으로 선주민성을 인정받지는 못했다. 가야노 시게루는 국회에서 아이누어로 질문하는 등 관련 의정 활동으로 화제를 모았으며, 아이누어 라디오 방송, 사전 편찬, 구전문학의 계승과 작품 활동에 평생 헌신했다.

국회의원이 된 사람은 가야노 시게루 단 한 사람뿐입니다. 국회의 위원회 자리에서 아이누어를 사용해 질문한 사람도 가야노 시게루가 유일합니다. 「아이누 문화 진흥법」(1997) 제정이 정치가로서 가야노 시게루의 대표적인 업적이라 하겠습니다.

이처럼 다양한 활동으로 알려진 가야노 시게루입니다만, 그 핵심은 역시 아이누 문화의 보존과 계승이라는 순수한 문화적 활동이었습니다. 물론 그것이 직접적으로 사회적이고 정치적인 활동으로 이어진 것이지요. 그런 문화적 활동 가운데 우리가 가장 쉽게 접할 수 있는 것은 아마 가야노 시게루가 남긴 다수의 에세이 작품일 것입니다. 가야노 시게루는 다른 무엇보다 희대의 에세이스트로 이름을 남겼다고 저는 생각합니다.

에세이스트로서 가야노 시게루의 대표작을 들자면 역시 『아이누 민족의 비석』(1980)을 가장 먼저 손에 꼽을 수 있을 것 같네요. 여기에 『아이누 세시풍속기』(2000)를 더하여 읽는다면 가야노 시게루가 보았던 것이 우리에게도 보이지 않을까 생각합니다. 3장에서 가장 먼저 볼 책은 바로 이 두 권입니다.

두 권 모두 자전적인 요소가 강한 에세이입니다. 가야노 시게루 자신의 성장 과정과 경험에서 출발하여 어떤 의미로는 풍요로웠고, 다른 한편으로는 참상을 피할 수 없었던 당시 아이누 사람들의 생활을 그리고 있습니다.

소년 시게루의 경험

가야노 시게루가 유소년기에 경험한 한 사건에 관하여 이야기해보겠습니다. 이 이야기는 『아이누 민족의 비석』과 『아이누 세시풍속기』 두 책 모두에 나옵니다. 나중에 소개하겠지만 다른 문헌에도 꽤 자주 등장합니다. 이것이 가야노 시게루 자신의 정신 형성이나 아이누라는 자기 인식에서 몹시 중요한 사건이었던 것은 분명합니다. 이는 『아이누 민족의 비석』의 「죄인이 된 아버지」라는 장에 나오는 사건입니다. 재미있는 부분은 빼고 무미건조하게 줄거리만 전하면 다음과 같습니다.

가야노 시게루가 태어난 집은 가난했습니다. 아버지는 생활을 꾸려가는 것이 너무 힘들어 몰래 불법으로 연어를 잡습니다. 그것이 범죄임을 알면서도 말이지요. 그러다 경찰에게 들키고 맙니다. 경찰이 집에 찾아와 아버지를 체포해 끌고 갑니다. 소년 시게루는 그 상황을 마주하고 엉엉 웁니다.

가야노 시게루의 목소리로 이 장면을 들어봅시다.

아버지는 불법으로 연어를 잡아서 체포되었습니다. 매일 밤 잡아 와 우리 형제와 이웃 할머니들, 그리고 신들에게도 먹이던 연어는 당시에 잡아서는 안 되는 물고기였습니다. […]

아버지는 집을 나가 순사와 함께 비라토리[2]를 향해 걸어가고 있었습니다. 나는 "가면 안 돼! 가지 마! 아부지! 아부지이!"라고 소치리며 그 뒤를 쫓아갔습니다. 쫓아가서는 아버지의 커다란 손에 매달려서 "안 된다고, 가버리면 우리는 뭘 먹고 살아!"라고 울며 소리쳤습니다. 쫓아온 어른들이 나를 붙잡고 "금방 돌아올 테니까 울지 마"라고 하면서 나보다 더 엉엉 울었습니다. […] 나는 도로에 나뒹굴며 울며불며 소리쳤지만 어머

2 홋카이도 중남부 사루가와 유역에 자리 잡은 대표적인 아이누 집거지로 현재는 아이누 문화 연구의 주요 거점이다.

니와 이웃 사람들에게 업혀서 집으로 돌아왔습니다.

집에서는 할머니의 탄식이 또 보통 일이 아니었습니다. 할머니 말에 따르면, 경찰은 아무 이유도 없이 당신 아들을 데리고 가버렸다, 그러니까 부당한 체포였다는 것이지요. 할머니가 나중에 그때의 슬픔을 떠올리며 내게 탄식하던 말은 다음과 같았습니다.

"시삼카라페 제부네와헤 구포호웃와 가무이에파로 이키 고엔투렌노 보호우타라에렙 아코팍하웨타안 웬 시삼우타라 웃히아낫 소모아팟하웨타안[3](연어는 일본인이 만든 것이 아닌데, 내 아들이 그것을 잡아 와서 신에게 바치고 아이들과 함께 먹은 것뿐인데 그것 때문에 벌을 받아야 한다니 도대체 무슨 연유인가. 나쁜 일본인이 잡은 것에는 왜 벌을 내리지 않는지 도무지 이해할 수 없다)."

시기에 따라, 그리고 허가를 받은 사람인가 아닌가에 따라 다르기도 하지만 수산 자원은 함부로 포획하거나 채취해서는 안 됩니다. 어업조합 등 허가된 사람들만 허

---

3 가타카나로 표기한 아이누어를 일본어 표기법에 따라 옮긴 것이다.

가된 시기에 잡을 수 있지요.

아이누 사람들은 '일본인'[4]이 홋카이도에 들어오기 전까지는 나름대로 자연에 적합한 관습에 따라 수렵, 어로, 채집을 해왔습니다. 더 정확하게 말하자면 '아이누의 생활이 자연에 적합했다'라기보다는 아이누 사람들은 자신이 자연의 일부라는 것을 의식하고 있었습니다. 그래서 그들이 취하는 것으로는 자연 자원이 고갈되거나 극단적으로 줄어드는 일은 없었습니다.

연어도 마찬가지입니다. 언제, 어느 정도라면 잡아도 되는지를 전승과 관습을 통해 이해하고 있었습니다. 관습에 따라 잡는다면 아무런 문제도 없었지요. 뿐만 아니라 인용문에 나오는 것처럼 수렵, 어로, 채집은 애니미즘적 신에게 바치는 공물이었기 때문에 아이누에게는 연어를 잡지 않는다는 선택지 자체가 아예 없었습니다.

그런데 나중에 일본인이 들어와서 어업권이라는 명목으로 해안과 하천에 멋대로 선을 긋기 시작한 것이지요.

4　당시에는 홋카이도의 아이누인과 오키나와의 류큐인은 일본인에 포함되지 않았다.

물론 아이누의 몫은 고려되지 않았습니다. 그리고 물고기를 잡아서는 안 되는 금어기禁漁期가 설정되었습니다. 애초에 금어기를 설정하지 않을 수 없었던 이유는 일본인들이 들어와서 연어를 너무 많이 잡았기 때문입니다.

그러자 원래 하던 대로 수렵, 어로, 채집을 하는 것이 법을 위반하는 일이 되었습니다. 가야노 시게루의 아버지는, 말하자면 이 법의 그물에 걸린 것이지요. 『나의 두 가지 풍습』(1975)이라는 에세이집에는 "쇼와 10년(1935) 즈음, 가을이 되면 연어를 잡으러, 라고는 하지만 정확하게는 불법 어획을 하러…… 아니, 아이누는 스스로 쓰기 위해 잡는 만큼은 불법이 아니라고 생각하고 있었다"라고 쓰여 있습니다. 아이누 사람들이 위법성을 인지하면서도 정부 정책을 경시하고 있었다는 걸 엿볼 수 있습니다.

동정에 관하여

이 사건은 "본토 사람들의 수탈이 심했군", "아이누가 안됐네", "소년 시게루와 아버지, 할머니는 정말 힘들게 살아왔구나" 같은 반응을 자아내는, 그러니까 깊은 동정심과 눈물을 이끌어내는 이야기이기는 합니다. 박해받는

민족과 계급 이야기에는 이런 비극적인 사건이 항상 뒤따르기 마련이지요. 하지만 거기서 그친다면 지배당하는 사람들이 의식적이든 무의식적이든 지배하는 쪽에 서 있는 사람들의 의식을 갱신하는 일 같은 것은 일어나지 않을 것입니다.

개인적으로는 차별할 의도가 전혀 없는 선량한 일본인들이 "안됐네"라고 말하는 것은 언제나 '아, 정말 다행이다. 나는 행복한 사람이야', '다행이야, 나는 그런 피해를 당하지 않아서'라는 마음에서 나오는 동정, 높은 곳에서 내려다보는 연민에 그칠 우려가 있습니다. 그리고 이런 선한 사람들은 계속해서 어떤 악의도 없이 스스로 서 있는 높은 자리가 어떤 곳인지 묻지 않습니다. 자신이 속한 민족이 역사적, 구조적 차별의 짐을 지고 있음을 의식하지 못합니다.

그렇습니다. 자신이 아이누가 아니거나 가까운 곳에 아이누 사람이 없다면 그들의 절실함, 절박함을 이해하기 어렵습니다. 이는 전혀 이해 못 할 일이 아닙니다. '보통 사람'이 '동정하지 않는 것보다는 동정이라도 하는 것이 그나마 낫지 않은가'라는 마음을 갖는다 해도 이상한 일이 아닙니다. '다수자majority'는 스스로 이익을 보는 구조가 눈에 보이지 않는 쪽, 그런 구조를 보지 않아도 되는 쪽입니다. 따라서 이런 차별 문제 앞에서 다수에 속한 사람이 선의를 띤, 느긋하지만 아무 생각도 없는 얼굴이 되는 것은 말하자면 '표준적인 행동'이라고도 할 수 있습니다. 하지만 그렇다고 해서 다른 모든 '소수자minority' 문제와 마찬가지로 그런 상황이 그대로 유지되어도 괜찮다는 뜻은 아닙니다.[5]

여성이라는 소수자

아이누 이야기로 이해하기 어렵다면, 누구나 그 당사자이거나 혹은 당사자와 가까이 있는 사례를 들어보겠습니다. 바로 '여성'입니다. 여성과 관련이 없는 사람은 한 사람도 없을 것입니다. 그리고 여성은 가장 큰 규모의 소수자 가운데 하나입니다.

---

5 최근 일본에서는 상대적인 권력 관계라는 문제의 본질을 단지 수적 열세, 우세의 문제로 환원시킬 수 있다는 우려에서 '머저리티majori-ty', '마이너리티minority'의 가타카나 표기가 널리 쓰인다. 이 책에서는 한국 독자에게 좀 더 친숙한 다수자, 소수자로 옮겼다.

최근 여러 대학의 의학부 입시에서 여성 차별이 있었다는 사실이 잇달아 밝혀졌습니다(2018). 당신이 남자라고 가정해봅시다. 당신은 이런 종류의 뉴스를 접했을 때 '거참 불쌍하게 됐네. 너무했네. 하지만 내가 가해자는 아니니까……'라고 생각할지도 모릅니다. 이런 의견이 꼭 틀린 것은 아닐 수도 있습니다. 당신이 직접적인 가해자가 아닌 것은 물론 사실이고, "차별적인 제도가 그대로 유지되는 편이 나한테 유리하다"라고 말한 것도 아니니 제법 괜찮은 의견일 수 있습니다. 냉소하는 것보다 동정하는 것이, 동정하지 않는 것보다 동정하는 것이 더 나은 것은 틀림없는 사실이니까요.

그러나 그런 동정에는 어떤 의미도 없습니다. 당신이 포함된 남성이라는 다수자가 구조적으로 우대받고 있다는 것이 폭로되었을 때 아무리 그래도 여성이라는 소수자에 대해 "불쌍하게 됐네"라고 말하는 건 좀 아니지 않나요? '불합격한 여성의 몫까지 내가 열심히 노력하겠어'라는 식의 반응도 있습니다. 그 무신경함이 무서워서 몸이 다 떨릴 정도입니다. 당신이 남성이라는 점, 여성이 아니라는 점은 당신이 원해서 된 것이 아니라고 해도 알게 모르게 어딘가에서 우대의 요인으로 작용하고 있습니다. 그런 제도가 유지되는 데 책임감을 느낀다고까지는 말하지 못한다 해도, 이른바 말로 표현하지 못할 치욕 같은 감정을 어떻게 느끼지 않을 수 있습니까? 자신도 같은 틀에 멋대로 던져졌다는 치욕, 그로 인해 이익을 누리고 있다는 치욕 말입니다. 동정과 연민으로는 이 틀을 깨부술 수 없습니다.

조금 더 보충하자면, 우리는 구조적으로 어디를 어떻게 갈라 나누느냐에 따라 지배자 쪽에 서기도 하고, 피지배자 쪽에 서기도 합니다. 구조적으로 사회적 부정不正의 가해자 집단의 일원이 되기도 하고, 피해자 집단의 일원이 되기도 하고요. 성별, 연령, 출신지, 계급, 국적, 언어, 문화적 배경, 인종 등 사람을 지배/피지배로 나누는 구조는 무수히 많습니다. 누구나 다수자이자 소수자입니다. '어떤 관점에서 보아도 소수자가 아닌 사람'은 존재하지 않습니다.

다수자와 소수자

다수자란 단순히 '수의 많음'만을 뜻하지 않습니다. 어떤 사회 시스템이 작동할 때 그 안에서 구조상 의식하지 못한 채 자주 이익을 얻는 쪽이 다수자입니다. 지배 이데 올로기에 올라탄 '보통 사람', 이런 구조가 눈에 들어오지 않는 쪽이 바로 다수자입니다.

반면에 어떤 '색이 칠해진 존재'가 소수자입니다. 예를 들어 남성과 여성은 거의 수가 같지만 여성이 소수자인 것은 분명합니다. 노동자와 자본가의 경우라면, 수로는 노동자가 많지만 노동자가 소수자입니다. 다수자와 소수자는 '표식이 있음/없음'으로 설명할 수 있습니다. '표식이 있음/없음'은 언어학 용어인데요, 굳이 설명하거나 형용할 필요가 있는 것에는 '표식'을 붙이고 그럴 필요가 없는 자명하고 당연한 '보통'의 것에는 표식을 붙이지 않는 다는 뜻입니다.

'man'과 'woman'을 비교해보면 'man'에는 표식이 없습니다. 그 근거로 'man'은 '남성'뿐만 아니라 '인간'도 가리킨다는 사실을 들 수 있습니다. 이에 비해 'woman'은 표식이 있습니다. 'man'으로 다 나타낼 수 없는 무언가가 추가되어 있습니다. 이 '여성'은 표식이 있기 때문에 '인간' 일반을 가리키지 않습니다.

자신의 '표식 없음'을 의식하지 못는 사람들이 중립을
표방하는 것은 오만한 무지몽매의 증거입니다. 우리는
자신의 어딘가에 반드시 붙어 있는 어떤 표식을 통해 다
른 누군가에게도 표식이 있음을 인식하거나 상상할 수
있으며, 그렇게 상상해야만 합니다.

감정 이입의 중요성

다수자/소수자의 지배/피지배에 관하여 생각할 때 동
정과 연민은 때에 따라서는 불충분할 뿐만 아니라 그것
만 있을 경우 유해할 가능성조차 있습니다. '불쌍한 사람
들'을 동정했다고 해서, 무의식적으로 한 말일 뿐 나쁜 마
음은 없었다고 한들 서 있는 지반 자체가 흔들리는 것은
아닙니다. 어쩌면 그 지반은 '불쌍한 사람들'에 대한 연민
으로 더욱 단단해질지도 모릅니다.

동정보다 훨씬 더 중요한 것은 이성의 회로를 따라가
는 가운데 갑자기 덮치는 감정 이입일 것입니다. 감정 이
입은 그 감정의 수용자를 예상치 못한 방식으로 피해자
로 만들고는 피해자가 처한 곤경 속에 그를 불현듯 버려
둡니다. 피해자에게 닥친 고립무원의 상황을 이성적으로

도, 정서적으로도 몸소 겪게 합니다. "어떻게 된 거야. 나는 지금 소년 시게루가 되었어. 시게루는 나라고!" 이는 이성을 뛰어넘는 감각입니다. 감정 이입이 작동하면 그 사람은 '지금 당장 나의 아버지가 부당하게 경찰에 연행되어 가는 절망감'에 고통스러워하게 됩니다. 이는 동정과 다릅니다.

연어는 아이누의 주식

소년 시게루의 에피소드로 돌아갑시다. 이 사건은 분명 독자들에게 동정의 눈물을 흘리게 합니다. 하지만 거기서 끝난다면 다수자의 제도 변혁 의지에 불을 댕기지는 못할 것입니다. 그것만으로는 다수자의 세계 인식을 갱신할 수 없습니다. 아무리 선의로 충만하다 해도 말이지요.

가야노는 이 일화를 단순히 감정에 호소하는 이야기로 끝내지 않습니다. 그는 정중하게, 이치에 따라 감정 이입의 회로를 작동시키려 노력합니다. 여기서 '철학'이 생겨납니다.

『아이누 세시풍속기』에서 한 부분을 인용해보겠습니

다. 첫머리의 『아이누 민족의 비석』에서도 본 것처럼 여기에도 할머니의 탄식이 나옵니다. 문구가 미묘하게 다르지만 뜻은 거의 같습니다.

매일 밤마다 몰래 잡아 와서는 아이들에게 아무한테도 말하지 말라며 먹이던 연어. 그 연어는 일본인이 만든 법률에 의해 잡으면 안 되는 물고기가 되었다.

아버지가 잡혀가고 나서 할머니는 "시삼카라페 제부네와헤 구포호웃와 가무이에파로이키 고엔투렌노 보호우타라에렙 아코팍하웨타안 웬시삼우타라 웃히아낫 소모아팟하웨타안"이라고 탄식하며 울었다. 이 말은 "연어를 일본인이 만든 것일 리가 없는데, 조금 가져와서 신과 아이들에게 먹였다고 내 아들은 벌을 받지만 많이 잡아가는 일본인은 벌을 안 받지 않는가"라는 뜻이다.

나는 이제껏 여권을 필요로 하는 여행을 스물네 번 했다. 여행지에서는 가능한 한 그 나라의 선주민이라 불리는 사람들과 교류했다. 하지만 침략에 의해 주식主食을 빼앗긴 민족은 들어본 적이 없다.

현재 연어와 아이누의 관계가 어떻게 되었는지 말해보자. 홋카이도 전역의 어협이 잡은 연어 수는 수천만 마리라고 한다. 그 가운데 아이누 민족이 서류를 내고 잡을 수 있는 숫자는 노보리베쓰 아이누가 전통적인 어업 방식인 라워맙(어량魚梁)[6]으로 잡는 54마리와 삿포로 아이누가 몇 년 전까지 아시리쳅노미(새로운 연어를 맞이하는 축제)를 위해 잡았던 20마리가 다였다.

이 책을 읽는 일본인 독자들이여. 당신이 나쁜 것은 아니지만 당신의 선조가 저지른 잘못이 지금도 여전히 답습되고 있는 것은 틀림없는 사실이며, 이를 바로잡을지 그대로 둘지는 당신 손에 달려 있다는 것을 알았으면 좋겠다.

만약 다른 나라에서 말과 풍습이 완전히 다른 사람들이 일본에 훌쩍 건너와서는 '너희 말이야, 오늘부터 쌀 먹지 마. 이제부터 쌀을 먹으면 체포할 거야'라는 법률을 강제한다면 어떻겠는가. 이와 똑같은 일을 일본

---

6   나무나 대나무 따위로 물이 한곳으로 흐르게 막고 거기에 통발을 놓아 물고기를 잡는 방식.

인이 아이누에게 저지른 것이다.

이렇게 계속해서 말을 하고 글을 쓰는데도 내가 하는 이야기에 아무런 반응도 없는 것은 무엇 때문일까? 나는 아이누 민족의 식문화 계승을 위해 필요한 연어는 "부디 마음껏 드세요"라고 말해주기를 바랄 뿐이다. 내가 그렇게 어려운 주문을 하는 건 아닐 것이다.

우리는 '주식'이 무엇인지 그다지 의식하지 않고 살지 않나 싶습니다. 물론 누군가 "당신의 주식은 무엇입니까?"라고 묻는다면 일본 문화에서는 아마 전형적으로 "쌀인가", "빵을 먹을지도"라든가 "이탈리아라면 파스타가 그렇겠지" 같은 대답이 나올 것입니다. 실제 생활에서는 무엇인가가 주식의 자리를 사실상 점하고 있고, 매일 식사의 주축이랄까 토대랄까 중심적인 부분을 이루고 있습니다. 그 주변에는 반찬, 즉 부식이 배치됩니다. 당연한, 의식하지 못하는 공기 같은 관습 속에 있는 것이 바로 이 주식입니다.

주식론

일본인에게 쌀이 주식인 것처럼 아이누에게는 연어가 주식입니다. 조금 전에 같이 본 『아이누 세시풍속기』에서 인용한 구절 앞에 비교적 잘 정리된 설명이 있습니다.

> 아이누가 정착지로 정한 곳은 연어가 물을 거슬러 오르기를 멈추는 곳까지다. 이를 통해 그들이 연어를 주식으로 하고 있었다는 사실이 잘 이해될 것이다. 전 세계에서 아이누 민족만이 사용했다고 여겨지는 마렙[7] 등 연어를 잡는 도구는 약 15종이나 있고, 연어를 먹는 방법은 대략 20가지를 헤아린다. 그 가운데는 날것으로 먹는 방법도 있고, 잡은 직후가 아니면 할 수 없는 요리도 있다.
>
> 아이누는 자연의 섭리에 따라 (다 먹어치우지 않고) 그 이자利子[8]만 먹고, 그날그날의 식량에 부족함이 없는 것을 행복으로 여겼다. 그런데 일본인이 멋대로 홋카이

---

7 회전식 작살.

8 마치 은행 이자가 붙듯이 자연의 섭리에 따라 늘어나는 부분만 취했다는 뜻이다.

도에 들어와 가장 먼저 아이누 민족의 주식을 빼앗고, 일본말을 모르고 일본 문자도 읽지 못하는 아이누의 연어 어획을 일방적으로 금지했다.

아이누에게는 연어 외에도 사슴 등 중요한 식재료가 몇 가지 더 있지만 연어의 특권적 지위, 즉 주식으로서의 지위는 흔들림 없는 것이었습니다. 그것을 일상적으로 잡아먹지 못하도록 하는 것이 얼마나 무서운 일인지는 누구라도 인식하고 느낄 수 있지 않을까 생각합니다.

사회 집단이나 민족에 대한 박해는 세계 곳곳에서 다양한 방식으로 이루어져왔고, 지금도 이루어지고 있습니다. 어떤 박해가 다른 박해보다 더 비열하다는 식의 비교에 본질적인 의미는 없습니다.

하지만 아이누에 대한 일본인의 박해에는 세계 어디에서도 비슷한 예를 찾아볼 수 없는 지점이 있음은 분명히 확인해두어야 할 것입니다. "침략에 의해 주식을 빼앗긴 민족은 들어본 적이 없다"라고 가야노는 말했습니다. 민족 박해는 사람을 사람으로 여기지 않는, 즉 인간 취급을 하지 않는 방식으로 이루어지는 것이 보통이지만 일본인의 아이누 박해는 극단적으로 잔혹한 형태였다 하겠습니다. 물론 이것으로 끝이 아니었습니다. 그러나 박해 전체의 비열한 이미지를 단번에 끌어내는 것으로 이 '주식 금지'만큼 선연한 것은 없을 터입니다.

서서히 정립된 '주식'이라는 개념

참고로 아래와 같이 『아이누 민족의 비석』에도 이미 같은 논의가 있었음이 확인되지만, '주식'이라는 표현은 보이지 않습니다.

아이누 민족이 절멸하지 않고 살아남을 수 있었던 이유는 식량을 충분히 확보할 수 있었기 때문입니다. (아이누에게)[9] 식량이란 연어와 사슴 고기입니다. 그러니 아이누는 연어를 소중하게 여기고 자연의 섭리에 따라 포획했던 것이지요. […]

연어가 개천을 거슬러 올라가는 계절이 되면 아버지는 연어를 잡았습니다. 넓은 사루가와에 폭은 어른이

---

9 옮긴이가 더한 부분이다.

손을 펼친 정도, 길이는 어른 두 사람이 손을 잡고 펼친 정도 되는 그물을 쳐놓습니다. 그렇게 하면 가족이 먹을 수 있는 만큼 매일 연어를 잡아도 연어가 줄어들 일은 없다는 사실을 아이누 자신은 잘 알고 있었습니다. 그즈음 연어가 줄어든 것은 샤모[10][일본인]의 남획 때문이었습니다. 샤모는 자신들이 초래한 상황을 아이누의 책임으로 떠넘겼습니다. […]

아이누는 자연의 법칙을 따르고, 거기서 얻은 지혜를 잘 활용했습니다. 수렵 민족이었기 때문에 연어뿐만 아니라 사슴과 곰 등 어떤 동물이든 절대로 절멸시키지 않는 지혜와 애정을 가지고 있었습니다.

샤모가 만든 연어 금어禁漁 같은 법률은 연어에 의지해 생활해온 아이누에게는 죽으라는 것이나 마찬가지입니다.

"식량이란 연어와 사슴 고기입니다", "연어에 의지해

---

10 샤모シャモ는 일본인을 일컫는 '시 사므'라는 아이누어의 줄임말. '시 사므'는 '이웃에 사는 사람', '좋은 이웃'을 뜻하는 데 반해 '샤모'에는 속어, 멸칭의 뉘앙스가 숨어 있다.

생활해온 아이누"라는 내용이 나옵니다. 이것만으로도 말하고자 하는 바는 명확하지만, 『아이누 세시풍속기』에 와서 여기에 '주식'이라는 개념이 더해지는 것입니다.

'주식'은 보통 그렇게 깊이 의식되지 않는 부분이지만, 그것이 무엇인지는 누구라도 어떤 민족이라도 곧바로 알 수 있습니다. 주식을 금지했다고 하면, 그것이 얼마나 큰 일인지도 저절로 인식되지요. 앞에서 인용한 것처럼 『아이누 세시풍속기』에서 가야노는 "만약 다른 나라에서 말과 풍습이 완전히 다른 사람들이 일본에 훌쩍 건너와서는 '너희 말이야, 오늘부터 쌀 먹지 마. 이제부터 쌀을 먹으면 체포할 거야'라는 법률을 강제한다면 어떻겠는가"라며 부모가 음식을 꼭꼭 씹어 아이의 입에 넣어주듯이 자세히 설명했습니다.

시에페

가야노 시게루가 '철학'을 하도록 이끈 것, 즉 '주식'을 개념화하도록 이끈 것은 아이누의 생활 관습만이 아닙니다. 애초에 아이누는 메이지 중기에 이미 자급자족을 위한 연어잡이마저 금지당했습니다.[11] 그러니까 아이누는

주식主食을 빼앗긴다는 것

스스로 당당하게 물고기를 잡는 관습을 빼앗긴 지 이미 오래였던 것입니다. 가야노가 활동한 시기에는 식습관 자체도 이미 많이 변해 있었을 것입니다. 그럼에도 불구하고 가야노는 "연어는 아이누의 주식이다"라고 단언하고 나섰습니다. 이는 그가 무엇보다 먼저 아이누어라는 언어문화에 속한 주민이었기 때문입니다.

역시 『아이누 세시풍속기』에서 인용하겠습니다.

> 홋카이도에서는 연어를 보통 가을의 맛이라는 뜻에서 '아키아지秋味'라고 하지만 아이누는 가무이춥(신의 물고기), 혹은 시에페(시=정말로, 에=먹는, 페=것. 말로 할 때는 시페라고 한다)라고 불렀다. [⋯] 연어[⋯]는 아이누가 시에페(진정한 먹거리, 주식)라고 부르며 소중히 아껴온 먹거리이며 정말로 생활의 중심에 있었다.

연어는 애초에 '주식'이라는 이름으로 불렸다는 것입니다. '연어'를 아이누어로 말하면 '주식'이라는 말과 똑

---

11 메이지 정부는 1883년에 홋카이도에서 연어잡이를 금지했다.

3
장

같다는 것입니다. 이는 일본어로 '고향ご飯'[12]이라는 말이 그 자체로 쌀밥을 가리킨다는 것과 나란히 두고 고찰할 수 있습니다. 아이누의 언어문화를 참조할 때 연어잡이가 금지되었다는 것은 정말로 주식이, 그러니까 '밥'이 금지되었다는 뜻입니다.

소수민족과의 교류

언제부터 '주식'의 철학이 명확해졌는지 저도 단정적으로 말할 수는 없습니다. 가야노 시게루가 쓴 모든 것을 확인할 수는 없었으니까요. 이미 살펴본 것처럼 1980년에 간행된 『아이누 민족의 비석』에는 생각의 재료는 전부 나와 있지만, '주식'이라는 단어는 아직 등장하지 않았습니다. 2000년에 간행된 『아이누 세시풍속기』에 처음으로 '주식'이라는 말이 나옵니다.

예를 들어 이미 소책자 『국회에서 차랑케[13]』(1993)와 같은 시기에 했던 강연 '아이누의 생활과 문화에 관하여'(『아이누 민족에 관한 연속 강좌』, 1993)에서도 이와 같은

12　밥, 식사라는 뜻.

논지가 확인됩니다. 『아내는 빌리는 것[14]』(1994)에도 비슷한 내용이 나옵니다. 여기에서는 '아이누의 생활과 문화에 관하여'에서 중복되는 내용은 생략하고 일부를 인용해보겠습니다.

침략자 집단이 일방적으로 만든 법률로 주식까지 빼앗겼다는 것은 홋카이도 아이누가 정말로 심한 일을 당한 것입니다. 제가 세상의 모든 곳을 직접 돌아본 것은 아니지만, 다른 나라에서는 이런 예를 들어본 적이 없습니다. 스웨덴의 사미족도, 알래스카의 이누이트족도 먹을 것만큼은 빼앗기지 않았습니다. 100퍼센트 지켜지지는 않았지만, 침략자들과 침략을 당한 사람들 사

---

13 담판. 철저하게 언어와 지혜를 다하여 논의하는 것으로 아이누인의 문제 해결법이다. 개인 혹은 무리 간에 다툼이 생겼을 때 공개된 장소에서 차랑케, 즉 담판을 짓는데 먼저 화를 내거나 폭력을 휘두르는 쪽이 진다.

14 아이누 문화에는 아내는 친정에서 '빌리는' 것, 즉 언제든지 돌려줄 수 있는 존재라는 개념이 있다. 남편은 돌려달라는 말을 듣지 않기 위해 아내를 소중하게 여기고, 아내는 그만 집으로 돌아가라는 말을 듣지 않기 위해 남편을 소중히 대해야 한다는 뜻에서 비롯한 표현이라고 한다.

3
장

이에는 조약이 있었습니다. 홋카이도 아이누와 일본인 사이에는 조약의 '조' 자도 없었습니다. 이렇게 철저하게 침략하는 예는 전 세계 어디에서도 찾아보기 힘들 정도입니다.

이는 가야노 시게루가 1980년대에 캐나다, 스웨덴, 하와이, 러시아 극동 지역 등을 방문하여 세계의 소수민족과 교류하면서 천천히 자라난 생각이겠지요.

『아내는 빌리는 것』에 의하면, 가야노는 1989년 러시아 하바롭스크에서 교류한 나나이족[15]에게서 그들은 연어를 한 사람당 40킬로그램까지 잡을 수 있다는 사실을 듣게 됩니다. 또 같은 해에 캐나다에서 만난 그 지역의 선주민에게서도 연어를 자유롭게 잡을 수 있다는 이야기를 듣습니다. "지금까지 내가 만나본 외국 사람들로는 알래스카의 이누이트족, 캐나다의 다섯 지역에 사는 각기 다른 종족, 스웨덴의 사미족, 소비에트의 나나이족, 오스트

---

[15] 나나이Nanai는 러시아의 하바롭스크와 아무르강 유역, 중국 동북 지역에 사는 소수민족으로 중국에서는 허저족赫哲族이라고 부른다.

레일리아의 힌드마시 사람들 등이 있습니다. 이들 모두 물고기건 짐승이건 먹을 것을 잡을 권리는 보장받고 있었습니다."

1980년대 말에 이미 아이누에 대한 일본인의 무도함이 다른 소수민족과의 비교를 통해 자연스럽게 드러난 것입니다.

댐 건설 반대 운동

이 경험과 함께 결코 잊어서는 안 되는 중요한 계기가 하나 더 있습니다. 니부타니댐 건설 반대 운동입니다. 가야노 시게루 자신이 그 땅의 소유권자 가운데 한 명이었던 니부타니는 아이누 문화 계승이라는 측면에서도 중요한 지역이었는데요. 여기에 댐을 건설한다는 계획이 있었습니다. 가야노 시게루를 비롯한 많은 사람들이 이에 반대하며 처음부터 전면적인 싸움을 시작했습니다. 1987년 니부타니 지역이 강제 수용 과정에 들어가자, 그들은 행정기관에 수용 처분 집행 중지[16]를 요구했습니다. 집행 중지가 기각된 후에는 행정 소송을 제기했습니다. 1997년에 나온 판결은 원고에게 완벽하게 만족스러운 것은 아니었습니다만, 아이누가 선주민임을 명시적으로 인정받은 첫 판결로 평가되고 있습니다.

이 투쟁의 과정에서 늦어도 1988년에는 이미 '주식의 철학'이 얼굴을 내밀었습니다. 참고할 만한 것으로 혼다 가쓰이치[17]의 『선주민족 아이누의 현재』(1993)에 인용된 가야노 시게루의 발언이 있습니다. 1988년 2월 '홋카이도 수용위원회'의 심리 중에 나온 발언입니다. 앞에서 인용한 내용과 중복되는 부분도 있지만 우리의 논의에 필요한 부분은 최대한 남기면서 이 발언을 조금 길게 인용해 보겠습니다(원문에서 강조 표시한 부분은 생략했습니다).

아이누는 연어를 어떻게 부르고 있었나 하면, 시페라고 불렀습니다. '시'는 '정말로' 혹은 '완전히'라는 의미이고, '에'는 '먹다'라는 뜻입니다. '페'는 '것'을 뜻합니

---

16 행정 처분이나 공공기관의 처리 및 조치에 불만이 있는 경우 해당 처분이나 조치의 집행을 일시적으로 중단시켜 그동안 불복한 당사자의 권리를 보호하고 논의할 수 있는 시간을 제공한다.

17 혼다 가쓰이치(1932~)는 작가 겸 저널리스트로 아사히신문사 편집위원으로 일하기도 했다.

다. '시에페'는 말할 때는 '시페'로 들립니다. 아이누는 연어를 "진정한 먹거리=주식"이라고 불렀던 것입니다. 아이누는 연어를 주식으로 생각하며, 연어를 잡을 때도 자연의 섭리를 따라서 자원이 고갈되지 않도록 노력해왔습니다.

[…] 나중에 온 일본 사람이 일방적으로 만든 법률, 글자를 읽지 못하는 아이누에게 한마디 양해도 구하지 않고 만든 법률은 내수면 자원 보호인지 뭔지 같은 것이었습니다. 그래서 어떻게 되었느냐 하면, 아이누가 주식으로 여기던 연어를 더 이상 잡지 말라고 한 겁니다. 아이누는 죽어버리라고 하는 법률이나 마찬가지였던 것이지요. [부친이 체포당한 일화가 나오지만, 이미 앞에서 인용했고 거의 비슷한 내용이라 여기에서는 생략합니다.]

나는 절절히 생각합니다. 일본 사람들은 왜 이렇게 잔인한 민족인가 하고요. 선주민 아이누 민족을 전혀 고려하지 않고 우리의 주식인 아키아지를 잡을 권리를 아무렇지도 않게 빼앗아버렸습니다. […]

여기서 분명히 말씀드리겠습니다. […] 역사 이전부

터 아이누가 가지고 있던 아키아지 포획권을 돌려주었으면 합니다.

여기에서 외국의 예를 두세 가지 말씀드리고 싶습니다. 미국 알래스카의 이누이트족(이른바 에스키모) 사람들이 선주민의 권리로서 고래든 아키아지든 자기가 먹을 만큼 자유롭게 잡는 모습을 보았습니다. 캐나다 인디언도 선주민으로서 먹을 만큼 자유롭게 잡는 것을 정부에 의해 보장받고 있는 것을 보았습니다. 스웨덴도 마찬가지이고, 세계의 많은 나라에서는 선주민의 당연한 권리로서 수렵은 수렵으로, 어로는 어로로 인정하고 있습니다.

제가 확인한 범위 안에서는 이 부분에서 최초로 '주식의 철학'이 명확하게 정립된 것으로 보입니다. 세계 소수민족과의 교류를 통해서, 또한 댐 건설 반대 운동이라는 구체적인 투쟁을 통해서 그가 처한 상황이 자연스럽게 드러나게 되었다는 것은 아마 틀림없는 사실일 겁니다.

감정 이입의 강요

그렇다고는 하지만 역시 '시에페(시페)'라는 단어 자체를 참조하지 않고는 주식의 철학이 성립하기 어려웠을 거라 생각합니다. 가야노는 아이누가 처한 곤경을 점차 뚜렷하게 자각하면서 그에 대한 명확한 관점을 제시하기 위해 자신들의 언어를 집어 들었습니다. '시에페(시페)= 주식'이라는 개념을 통해 비로소 세계에 대한 인식에 긴장이 생긴 것입니다.

1996년에 간행된 『가야노 시게루의 아이누어 사전』의 '시페【sipe〈si-e-pe】' 항목에는 '연어 / ▽시=정말로, 에=먹다, 페=것物 / *아이누는 연어를 주식으로 하며 정주 장소는 연어가 오는 곳까지로 정해져 있다'라는 설명이 있습니다. 이 정의도 가야노가 세운 '철학'을 간결하게 압축하여 정식화한 것으로 읽는 게 적절할 것입니다.

주식을 축으로 하여 세계의 이미지를 단번에 새로 만들어내는 것은 분명 철학적 저항의 몸짓입니다. '주식'이라는 조금도 특별하지 않은 말을 개념으로 삼아 거기에 일관성을 부여하여 '세상은 우리 쪽에서 보면 주식을 금지당한 세계로 인식되는데, 같은 관점을 당신들에게 제공한다면 대체 당신들에게 세계는 어떻게 보일까?'라는 질문을 단숨에 던진 것입니다.

여기에서 소수자는 이미 다수자의 동정을 사려고 하지 않습니다. 소수자는 다수자에게 감정 이입을 정중하게 강요합니다. 감각과 인식의 측면에서도 소수자는 주식 금지라는 이미지를 가져와 다수자를 호되게 꾸짖습니다.

그렇다면 이 저항은 도움이 되었을까요? 항상 그렇듯이 대단히 큰 도움이 되지는 않았습니다. 가야노 시게루는 앞에서 인용한 대로 『아이누 세시풍속기』에서 "이렇게 계속해서 말을 하고 글을 쓰는데도 내가 하는 이야기에는 아무런 반응도 없었다"라고 적었습니다.

주식론의 계승

그렇지만 이 '주식'이라는 문제 설정을 성실하게 제대로 계승한 아이누 사람들이 있다고 합니다. 2019년 8월 말부터 9월 초에 걸쳐 당국에 신청하지 않고 연어를 잡는 사람이 있었습니다. 이 일로 몬베쓰[18] 아이누협회 대표자인 하타케야마 사토시와 동료들이 2020년 2월에 불구속 입건되고 6월에 불기소 처분되었습니다.

그들은 선주민이 원래부터 해오던 관습에 따라 물고기를 잡는데, 나중에 정착한 국가에 이를 신청하는 것은 이상하다며 의도적으로 신청하지 않았습니다. 신청을 하면 제사에 필요한 아주 적은 양의 연어를 잡을 수 있도록 허가를 해주기는 하겠지요. 하지만 그렇게 눈치를 살피는 것 자체가 논리적으로 이상하다는 것입니다. 눈치를 살피면 선주권과 자결권이 침해된 상태를 인정하는 것이 되기 때문입니다. 가야노 시게루가 세운 논리의 연장선상에 있는 활동이었다고 생각합니다.

2019년에 시위하듯이 했던 행동은 제사를 위한 고기잡이였으나, 2020년 8월에는 여기서 더 나아가 또 다른 단체가 제사 목적이 아닌 생계를 위한 고기잡이를 하고, 이를 선주권으로 인정받기 위한 소송을 하는 데 이르렀습니다.

'라포로아이누네이션(구 우라호로아이누협회)'이라는 이름의 이 단체의 간행물 『새먼 피플』(2021)에도 가야노 시

---

18 홋카이도의 북동부, 오호츠크해에 면한 시. 옛날부터 어장이 열려 수산물 가공업이 번성했다. 명칭은 아이누어의 모-베쓰(조용한 강)에서 유래했다.

게루의 『아이누 세시풍속기』에서 인용한 글이 보입니다. 가야노 시게루가 살아 있다면 이 운동을 든든하게 생각했을 것입니다.

하지만 이러한 활동은 소송의 결과가 아무리 만족스럽게 나온다 해도 다수자 쪽에서 보면 단순한 소동으로밖에 보이지 않을 터입니다. 슬프게도 실제로는 일본인 다수의 눈에 들어오지도 않을 것입니다. 철학적이기도 한 이 저항은 결국 다수자 쪽이 '제도를 바꿔야 한다'는 의식을 대대적으로 갖게 하지는 못할지 모릅니다.

그러나 가야노 시게루의 '주식'이라는 '개념'은 독자에게 세계에 대한 인식을 갱신하도록 강요하는 일에는 성공했습니다. 그렇습니다. 이는 무력한 갱신일지도 모릅니다. 하지만 적어도 자연스럽게 생긴 저항에 형태를 부여할 수는 있었습니다. 이를 통해 불완전하기는 하지만 다수자가 소수자를 향한 그 불편한 감정 이입의 회로에 들어오게 하는 데는 어느 정도 성공했다고 할 수 있을 것입니다.

운명론에
저항하다

4
장

『캉디드』와 『제5도살장』

이제 우리의 '철학'과 좁은 의미의 철학이 교차하는 예를 살펴볼까 합니다. 그런데 이 장에서는 좁은 의미의 철학에 대해 다른 의견을 개진하려고 합니다. 그러니까 좁은 의미의 철학 개념을 폐기하는 겁니다.

철학이라는 것은 개념을 '운운하는' 것입니다만, 쓸 만한 것은 건져서 개념으로 만들어 세워도 좋고 아예 처음부터 개념을 새로 만들어도 좋습니다. 그뿐만 아니라 기존의 개념에서 흠을 잡아 밟아 부숴버려도 좋습니다. 세계에 대한 인식, 세계를 보는 관점이 갱신된다면 개념을

'운운하는' 방식은 어떻게 되어도 상관없습니다.

이 장에서 살펴볼 작품은 두 가지입니다. 볼테르 (1694~1778)의 『캉디드』(1759)와 커트 보니것(1922~2007)의 『제5도살장』(1969)입니다. 이 두 작품은 2장에서 소개한 작품과 마찬가지로 모두 픽션입니다. 이번에는 영화가 아니라 소설입니다. 하지만 두 작품 모두 역시 현실과 밀접한 관련이 있는 픽션입니다. 뿐만 아니라 현실의 재앙에 작가가 동시대인으로서 개입하면서 그 개인적인 경험이 작품의 출발점이 되었습니다. 그럼에도 불구하고 논픽션이나 평론의 형식이 아니라 허구적인 픽션이라는 형식을 취하고 있습니다.

두 작품 모두 〈흔들리는 대지〉와 〈스파르타쿠스〉에 뒤지지 않는 유명한 작품이라 여기서 굳이 소개할 필요가 없을지도 모르겠습니다. 특히 『캉디드』에 관해서는 최근 어떤 이유로 다시금 많이 회자되기도 했습니다. 하지만 '어쩌면 〈흔들리는 대지〉와 〈스파르타쿠스〉 사이에 어떤 관계가 있다고 생각해볼 여지가 있을지 모른다'는 기묘한 가설에 관한 몽상이 2장의 숨겨진 맛이었던 것처럼, 제1의 픽션과 제2의 픽션을 무리하게 이어보는 시도는 뿌리 깊은 곳에서 두 작품의 '철학'적인 관계를 밝혀줄지도 모릅니다.

계몽사상가 볼테르

먼저 계몽사상가 볼테르가 쓴 『캉디드』라는 소설에 관하여 이야기하겠습니다. 계몽사상은 유럽의 근세에서 근대로 넘어가는 다리 역할을 한, 인간의 자유와 이성에 무게를 둔 사상입니다. 자유는 우선 왕권과 교권으로부터의 자유를 가리킵니다. 이 사상은 군주제에서 공화제 내지는 입헌군주제라는 정치 체제로 이동할 때 이론적 기반을 제공해주었습니다. 계몽사상가란 '시민사회의 성립을 이론의 측면에서 준비해온 사상가'라고 위치 짓는 것이 일반적입니다.

프랑스어권의 계몽사상가로 가장 먼저 꼽을 수 있는 사람은 『인간 불평등 기원론』, 『사회계약론』, 『에밀』을 쓴 장 자크 루소(1712~1778)이겠지만, 권력 분립으로 유명한 『법의 정신』의 샤를 드 몽테스키외(1689~1755), 『백과전서』를 정리한 사람 가운데 하나인 드니 디드로(1713~1784), 『소돔 120일』, 『악덕의 번영』, 『미덕의 불행』,

『규방 철학』 같은 에로스적 철학소설로 유명한 마르키 드 사드(1740~1814) 등도 친숙하게 다가올 것입니다. 그리고 물론 볼테르를 빼놓을 수 없지요.

볼테르는 『철학 서간』, 『철학 사전』이라는 제목의 저작이 있어서 마치 좁은 의미의 철학자인 듯한 인상도 주지만, 실은 재능을 다양하게 꽃피운 스타 작가라고 보는 편이 더 정확할 것 같습니다. 볼테르는 연극 대본도 쓰고 소설도 썼습니다. 조금 거칠게 말한다면, 좁은 의미의 철학을 탐구했다기보다는 좁은 의미의 철학을 세속적으로 가볍게 해석하고 비판하여 여기저기 논쟁을 불러일으키던 사상가이자 평론가라고 할까요. 그런데 참고로 말하자면 18세기 프랑스에서는 그러한 유형의 지식인을 딱 '철학자'라고 불렀습니다.

그렇다면 볼테르가 재미없는 사상가, 다시 읽어볼 가치가 없는 철학자인가 하면 또 그런 것은 아닙니다. 볼테르는 오히려 그런 세속적인 부분이 개성이라고 할 수 있습니다. 무겁고 딱딱하고 정교하게 짜여 있는 학설을 일부러 단순화해서 비웃는 오만불손함, 난폭한 청량함, 호쾌한 속도감이 볼테르 문장의 특징입니다.

『캉디드』

그 특징을 가장 잘 살린 것이 『철학 서간』이라고 하는 사람도 많지만, 저는 역시 소설 『캉디드』라고 생각합니다. 『캉디드』는 아무것도 모르는 순진무구한 청년 캉디드가 파란만장한 경험 끝에 인생이 무엇인지 체험하고 깨닫는 내용의 이른바 교양소설입니다. 교양소설이란 자기 형성을 그려내는 소설, 즉 주인공이 성장하는 이야기를 말합니다.

주인공 캉디드와 주변 인물 모두에게 어처구니없는 재앙이 차례로 닥쳐옵니다. 처음부터 마지막까지 나오는 주요 인물은 캉디드 외에 연인 퀴네공드와 좁은 의미의 철학자라 할 수 있는 팡글로스 선생입니다. 그리고 중간에 몇 명 정도가 추가됩니다.

이야기는 압도적인 속도감으로 진행됩니다. 그들은 몇 번이나 죽을 뻔한 상황에 처합니다. 그럼에도 소설은 계속 이어지기 때문에 독자는 '이 사람들이 도중에 죽지는 않겠지. 죽었을 것 같은 상황에서도 아마 살아 있을 거야' 같은 기묘한 안도감을 품은 채 작품을 읽게 됩니다. 이 소설은 독자에게 '어차피 죽지 않을 거라면 점점 더 심한 일을 당해서 독자를 즐겁게 해줘'라는 가학적인 기대를 품게 한다는 면에서 좀 짓궂은 구성이라고도 하겠습니다.

낙관론

『캉디드』에는 부제가 있습니다. 'optimisme'이라는 명사입니다. 일본어로는 보통 발음 그대로 '옵티미즘'이라고 번역합니다. '옵티미즘/페시미즘'이라는 대구를 만들고 '낙관론/비관론' 등으로 번역하기도 합니다. 아시는 대로 옵티미즘이라고 하면 사물을 좋은 쪽으로 해석하려는 뉘앙스이며 페시미즘이라고 하면 그 반대입니다. 이와 같은 관용적인 의미는 틀린 곳이 없습니다. 현대의 영어와 프랑스어에도 같은 뉘앙스가 있습니다. 그러나 『캉디드』에서는 'optimisme'의 뉘앙스가 조금 다르게 쓰였습니다.

'optim-'은 라틴어 'optimus'에서 유래합니다. '가장 우수한, 최선의'라는 뜻입니다. 영어로 하면 'best' 정도일 것입니다. 여기에 '주의/특성'을 의미하는 '-isme'이 붙었습니다. 이렇게 해서 '최고주의, 최선주의'라고 할 만한 의미를 지니게 됩니다. 참고로 라틴어 'optimus'의 상대

어는 'pessimus'로 이는 '최악의, 가장 저급한' 등을 뜻합
니다. 영어로는 대략 'worst'를 의미합니다. 따라서 'pes-
simisme'은 '최악주의, 최저주의'라고 할 수 있습니다.

'optimisme'이라는 단어가 세상에 처음 등장한 것은
1737년이라고 합니다. 『캉디드』는 1759년에 발표되었으
니 집필 당시에는 아직 신조어였다고 할 수 있습니다. 이
새로운 단어는 무언가를 가리키기 위해 만들어진 것이었
습니다.

신의론

그 '무언가'를 설명하기 위해서는 '신의론神義論(테오
디세théodicée)'이라 부르는 논의에 관하여 이야기하지 않
을 수 없습니다. '변신론辯神論'이라고 번역하기도 합니
다.[1] 좁은 의미의 철학자 고트프리트 빌헬름 라이프니츠
(1646~1716)에게는 동명의 저작(1710)이 있습니다. 라이프
니츠가 도입한 이 조어는 "세계에 악이 있음에도 불구하
고 신은 역시 선善이다"를 논증하는 논의를 가리킵니다.

---

[1] 그 밖에 신정론神正論, 호신론護神論 등으로도 번역한다.

어떤 이야기인지 간단하게 설명해보겠습니다. 신은 흠 없는 선이라는 것이 신학상의 대전제입니다. 그런 신이 세계를 창조했다. 그럼에도 불구하고 이 세계에는 다양한 악이 존재한다. 불쾌한 해충, 막을 수 없는 천재지변, 견딜 수 없는 병고. 완벽한 존재인 신이 창조한 세계에 왜 이런 백해무익한 것이 존재하는가?

물론 신의 존재조차 전제하지 않는다면 "악이든 아니든 그것에 특별한 원인이나 이유는 없다. 그 몹쓸 것은 안타깝지만 그저 거기에 그렇게 있는 것이다"라고 생각하면 되는 문제입니다만, 신학에서는 그렇게 볼 수가 없습니다. 그렇기 때문에 악의 존재를 두고, 신神의 의義를 변론해야 하는 것이지요. 그 논의가 '신의론'입니다.

신의론이 전개되려면 섭리를 상정하는 것이 필요 불가결합니다. 섭리란 알기 쉽게 말하자면 신의 뜻, 신의神義, 신려神慮입니다. 신이 악을 창조한 것은 깊은 생각이 있기 때문이다, 우리는 신이 아니기 때문에 그 뜻을 알 수가 없다, 우리 눈에 악으로 보이는 것도 틀림없이 어딘가에서 어떤 종류의 방식으로 선에 봉사하고 있다, 혹은 틀림없이 결과적으로 어떤 선을 만들 것이다, 악은 있어야 한다,

어찌하여 그런지 우리는 알 수 없지만 그렇게 정해져 있다. 이러한 사고방식에 전제되는 것이 '섭리', 즉 신의 뜻입니다.

궁극적으로 세계의 끝과 신의 나라의 도래를 위해 모든 것이 마련되어 있기 때문에 악의 존재 이유는 결국 그때까지 알 수 없다, 무언가 악으로 보이는 것이 있다 해도 거시적으로 보면 결국에는 선의 일부다. 너무 거창하고 무책임한 말이지만 '화복규묵禍福糾纏'[2], '새옹지마塞翁之馬'라는 것입니다. 세계의 결말 혹은 세계 전체는 신만이 알고 있다는 말이지요.

신의론이 이 섭리를 전제로 하여 구동한 논리 가운데 가장 극단적인 것이 바로 'optimisme'입니다. 라이프니츠 이후의 전통을 참조하여 일본어로는 '최선설最善說'이라고 번역하는 관행이 있습니다. 참고로 말하자면 라이프니츠 본인은 이 'optimisme'이라는 단어를 사용하지 않았습니다. 라이프니츠의 신의론을 형용하다 보니 후세

---

2 마치 꼬아놓은 새끼처럼 인생에는 좋은 일과 나쁜 일이 번갈아 찾아온다.

의 평자가 이런 표현을 발명하게 된 것이지요.

충족 이유율

라이프니츠의 논의는 일종의 가능 세계론이 되었습니다. '이런 것도 가능할 것이다'라는 무수한 가능성 가운데 가장 충족된 최선의 것이 가장 존재할 이유가 있는 것으로 선택되어 이 세계가 성립했다는 것입니다. 다시 말해서 다른 무수한 사물이 존재할 가능성을 가장 잘 담보하는, 즉 가장 정합성 높은 가능 세계를 성립할 수 있게 하는 최선인 것이지요. 다른 무수한 사물과의 관계 같은 것은 우리는 상상도 할 수 없습니다만, 신은 당연히 그것을 알고 있습니다. 라이프니츠는 이러한 논리를 '충족 이유율充足理由律'이라고 불렀습니다. 최선설의 원리는 곧 충족 이유율이라는 것입니다.

라이프니츠는 이 충족 이유율을 "사물에는 […] 그것이 존재하지 않는 것보다는 오히려 존재하는 이유가 있다"라고 표현했습니다. 그 이유가 무엇인지 우리는 잘 알 수 없지만, 아무튼 무엇인가가 있다면 거기에는 신 나름의 이유가 있다는 것입니다. 이유 없이 존재하는 것은 없다, 존재하는 이상 존재하지 않을 이유보다는 오히려 존재해야 할 이유가 있음이 분명하다는 것입니다.

볼테르가 '최선설'이라는 용어에서 염두에 두었던 것은 이러한 논리를 세우는 부분이었습니다. 덧붙여 볼테르가 구체적으로 참고한 것은 영국 시인 알렉산더 포프(1688~1744)가 사상시思想詩『인간론』(1733~1734)에서 이야기한 바였다고 합니다. 이 책에서 가장 잘 알려진 I절에는 "존재하는 모든 것은 옳다"라고 쓰여 있습니다.

『캉디드』에서는 캉디드의 철학 교사인 팡글로스가 이 '최선설'에 심취해 있습니다. 팡글로스 선생은 모든 일에 충족 이유율을 적용하려 합니다.

팡글로스에 의한 최선설

소설의 시작 부분에 팡글로스가 최선설을 참조한 부분이 나옵니다.

모든 사물이 다른 방식으로 존재할 수 없다는 것은 이미 논리적으로 증명이 끝난 상태입니다. [⋯] 모든 것이 하나의 목적을 위해 만들어진 이상 필연적으로 최선의 목적을 위해 존재하기 때문입니다. 알겠습니까. 코는 안경을 걸치기 위해서 만들어졌습니다. 우리에게 안경이 있는 것은 그 때문입니다. 다리는 무엇을 입기 위해 만들어진 것이 분명하며, 그래서 우리에게는 바지가 있습니다. 돌은 쪼개지기 위해, 성을 짓기 위해 만들어진 것입니다. 각하[캉디드의 연인 퀴네공드의 아버지인 남작]가 아주 아름다운 성을 가지고 있는 것은 그 때문입니다. 이 지방에서 가장 위대한 남작님의 거처는 가장 좋은 곳이어야 하기 때문이지요. 돼지가 먹히기 위해 만들어진 이상 우리는 일 년 내내 돼지고기를 먹습니다. 따라서 모든 것이 선이라고 주장하는 사람들은 터무니없는 말을 하는 것입니다. 모든 것은 최선의 상태로 존재한다고 말해야 합니다.

최선설을 일부러 곡해하여 과장한 유사 논리, 엉터리 이야기입니다. 굳이 설명할 필요도 없지만, 예를 들어 다리는 바지를 위해서 이런 형태로 존재하는 것이 아니라 바지가 다리의 형태에 맞게 만들어졌을 뿐입니다. 하지만 모든 것에는 존재 이유가 있다는 최선설의 강변을 받아들인다면 다리가 이런 형태로 존재하는 것도 무언가를 위해서라는 주장이 가능해지고, 궁극적으로 그 '무언가' 가 바지일 수도 있다는 가능성도 완전히 부정할 수는 없게 됩니다. 이런 식으로 하다 보면 어느 순간, 논리는 우스꽝스러운 물구나무 상태가 되는 것이지요.

더 정확하게 말하자면, 신 이외의 다른 모든 사물의 존재 이유를 아는 사람이 없는 이상 이런 섭리가 팡글로스에 의해 알려진다는 것도 이상한 이야기입니다. 팡글로스는 신이 아닙니다. 물론 독자는 그것을 충분히 알고 있고, 그렇기 때문에 팡글로스 선생의 엉터리 이야기를 작가 옆에서 비웃을 수 있는 것입니다.

덧붙여서 여기에 물고기 대신 돼지의 운명론이 등장하는 것도 토니의 철학을 아는 우리에게는 재미있는 일일지 모르겠네요.

신의론을 깎아내리다

팡글로스는 자기들이 위험에 처할 때마다 캉디드에게 이 충족 이유율에 관해 설교합니다. 그렇게 된 것은 신의 뜻이다, 그것이 최선이다, 그렇게 될 일이었다, 아무리 심한 일이 있어도 이는 존재해야 할 최고의 세상인 것이다. 하지만 팡글로스의 설교를 캉디드는 점차 믿지 않게 됩니다.

마지막에 캉디드는 온갖 고생으로 너덜너덜해진 상태에서 조그만 땅에 겨우 정착합니다. 여기에서도 여전히 팡글로스는 이렇게 되어 다행이다, 지금까지 있었던 일은 전부 최선이었다고 우깁니다. 그에 대하여 캉디드가 "저도 한 말씀 드리겠습니다. [⋯] 이제 우리는 우리의 밭을 갈아야 합니다"라는 잘 알려진 대답을 하면서 소설은 끝이 납니다.

그러니까 코미디 소설의 형태를 빌려 신의론과 충족이유율 같은 것이 얼마나 어리석은 소리인지 처음부터 끝까지 깎아내리는 작품이 바로 『캉디드』입니다. 신의 뜻인지 뭔지는 모르겠지만 제멋대로 거드름을 피우는 것은 이제 됐다는 메시지가 소설의 결말입니다.

리스본대지진

볼테르는 왜 이 재미있는 소설을 썼을까요? 물론 이유는 하나가 아니겠습니다만, 가장 큰 이유 가운데 하나가 무엇인지는 밝혀져 있습니다. 이것도 유명한 이야기인데요. 간단하게 설명하겠습니다. 『캉디드』를 발표하기 4년 전, 1755년 11월 1일에 엄청난 일이 일어났습니다. 리스본 대지진입니다. 유럽에 역사상 가장 커다란 피해를 가져온 지진으로 포르투갈의 리스본을 중심으로 수만 명의 사람이 죽었습니다.

11월 1일은 만성절[3]로 가톨릭에서는 몹시 중요한 날입니다. 리스본은 경건한 가톨릭 신자들이 모이는 도시였습니다. 하필이면 그런 중요한 날에, 하필 거기에서 커다란 천재지변이 일어나 수천 명의 사람이 죽은 것입니다. 왜 하필 그날에? 왜 하필 거기에서? 왜 그렇게 피해가 컸지? 그렇게 되지 않으면 안 되는 이유 같은 것이 있을 리 없습니다. 물론 도시 구조의 문제 등 피해를 더 크게 만든 요인을 말하는 것은 가능하겠지만, 그건 또 다른 문제입니다.

그런데 거기에 최선설을 강요하는 신의론이 있었습니다. 이것도 신의 뜻이다. 그 이유가 무엇인지 우리는 알

---

3   그리스도교의 모든 성인을 기념하는 축일이다.

수 없지만, 이 역시 분명히 일어나야 했기 때문에 일어난 일이다……. 이렇게라도 생각하지 않으면 견딜 수 없었던 심정은 충분히 헤아릴 수 있습니다. 하지만 죽은 사람을 포함하여 실제로 피해를 입은 사람들이 그런 논리를 수용할 수 있을 리 없습니다.

대지진 이전의 볼테르

사실 리스본대지진 이전에는 볼테르도 최선설에 대하여 비교적 우호적인 입장을 취하고 있었습니다. 계몽사상가로서 신의 존재를 훼손하지 않고 이성의 우위를 확보하기 위해서는 이성과 신을 동일시하는 '이신론理神論'의 입장을 취하는 것밖에 방법이 없었고, 이신론의 입장에서 신의론을 전개하기 위해서는 분명 최선설이 가장 무리 없는 것이었기 때문입니다. 볼테르는 1747년에 쓴 단편 「자디그」에서 지자智者인 천사에게 다음과 같이 말하게 합니다.

악인은 […] 지상에 펼쳐진 얼마 안 되는 의인을 시련에 빠뜨리는 역할을 합니다. 선을 만들어내지 않는 악은 없습니다. […] 궁극의 존재[신][…]는 서로 닮은 부분이 있을 수 없는 수백만의 세계를 창조했습니다. 이 엄청난 수의 다양성은 궁극의 존재가 지닌 엄청난 힘을 보여주는 하나의 속성입니다. 지상에 서로 닮은 나뭇잎은 단 두 장도 없고, 한없는 천계와 닮은 천체는 단 두 개도 없습니다. 자신이 태어난 이 작은 원자[지구] 위에서 당신 눈에 보이는 것은 모두 만물을 품고 있는 자의 변하지 않는 질서에 따라 있어야 할 곳에 정해진 시간에 존재하도록 정해져 있는 것입니다. 목숨을 잃은 지 얼마 되지 않은 그 아이는 우연히 강물에 떨어졌다고, 그 집이 불에 타는 것도 마찬가지로 우연에 의한 것이라고 인간들은 생각하지만 우연 같은 것이 아닙니다. 모든 것은 시련, 처벌, 보장, 선견 가운데 하나입니다.

전능하신 신의 존재를 위험에 빠뜨리지 않기 위해 신과 이성을 한 치의 어긋남도 없이 겹쳐 모든 악을 매번 미래의 선과 전체의 선으로 환원해야 한다는 논리는 이해하지 못할 바는 아닙니다. 그렇게 하지 않는다면 계몽사상가가 신의 전능함을 부분적으로라도 훼손하는 것을 수용해야 하니까요. 예컨대 신이 스스로 창조한 악을 앞에 두고 수치심을 느낄 수 있다는 가능성까지 상정해야 하는 것이지요. 논리로 따지자면 그렇다는 것입니다.

그렇다고는 해도 악이 우연히 존재할 수도 있다는 사실이 왜 이렇게까지 두려운지, 전혀 의미 없는 우연 같은 것이 왜 이렇게까지 미움을 받는지, 부정적인 사건의 이유와 원인을 왜 이렇게까지 집요하게 파헤치는지 솔직히 말해서 저로서는 이해할 수 없는 부분이 있습니다.

1748년에 발표된 단편 「되는 대로의 세계」(「이 세상은 흘러가는 대로 두라」라고 번역하는 관행도 있지만 원문 그대로 번역하겠습니다)의 한 등장인물도 "모두 선은 아니라고 해도 모든 것이 합격점이기는 하다"라고 말합니다. 「자디그」에 나오는 설명만큼 냉철하지는 않지만, 어쨌든 악으로 보이는 것의 존재 이유, 최종적인 선에 봉사하기 위한 것이라는 이유는 여러 번 확인할 수 있습니다. 엄청난 재앙에도 조금이나마 일어난 이유가 있을지 모른다, 그것은 일단 '합격점'일지도 모른다, 라는 식으로요.

「리스본의 재앙에 관한 시」

볼테르가 이 어정쩡한 입장을 철회하도록 몰아붙인 것이 바로 리스본대지진이었습니다. 지진이 일어나고 몇 개월 뒤 「리스본의 재앙에 관한 시」(1756)가 발표됩니다. 부제는 "'모든 것이 선이다'라는 공리에 관한 검토"입니다. 이 시에서 최선설에 대한 분명한 의심을 읽어낼 수 있습니다. 이러한 의심은 시의 앞부분을 읽어보면 확실해집니다.

> 불행한 인간들이여! 탄식하는 대지여!
> 무서운 인간들의 무리여!
> 언제 끝날지 모르는 쓸모없는 고통!
> "모든 것이 선이다"라고 외치는 잘못을 저지르는 철학자들이여!
> 달려오라, 이 무서운 폐허를 바라보아라.
> 이 쓰레기 더미를, 이 잔해를, 이 불행한 유해를
> 겹겹이 포개어진 이 여자들, 이 아이들을
> 이 박살 난 대리석 아래에 흩어진 사지를
> 대지에 삼켜진 십만 명의 불운한 사람들을 바라보아라.

그들은 피를 흘리고 찢기고 꿈틀꿈틀 움직이며
우리 집 지붕 밑에 묻힌 채 아무 도움도 받지 못하고
두려움에 사로잡혀 고통스러운 마지막 날들을 끝내고
있다!
말이 될 듯 말 듯한 그들의 목소리, 그 외침을 귀로 듣고
유해에서 연기가 올라오는 무서운 스펙터클을 눈으로
보며
"이것은 자유롭고 선량한 신의 선택을 필요로 하는
영원의 모든 법칙의 결과"라고 너희는 말할 것인가?
쌓아 올린 희생자를 보며 "신은 복수한 것이다,
그들의 죽음은 그들 자신의 죄의 대가다"라고 너희는
말할 것인가?
엄마 품에 안긴 채 짓눌려 피를 흘리는 이 아이들이
무슨 죄, 무슨 잘못을 저질렀단 말인가?
이제 더 이상 존재하지 않는 리스본에는 열락에 잠긴
런던과 파리보다 더
큰 악덕이 있었단 말인가?
리스본은 파멸의 강에 잠기고 파리에서는 사람들이 춤
추고 있다.

누가 보아도 명백한 대재앙, 이에 상응하는 죄과 같은 것은 상정할 수 없는 거대한 악이 갑자기 아무 맥락도 없이 하늘에서 떨어졌다. 만약 그것이 죄 많은 사람들에 대한 징벌이라면, 왜 하필 경건한 신자들이 모였을 것이 분명한 리스본이 표적이 되어야 했을까? 나아가 원죄 이외에는 어떤 죄도 범하지 않았을 순진무구한 아이가 왜 이 무서운 징벌을 받아 피의 제단에 올라야 했던 것일까? 최선설을 논하는 사람들이여, 너희의 논리로 제대로 설명해보기 바란다.

사실 이 「리스본의 재앙에 관한 시」에는 "'언젠가 모든 것이 선이 될 것이다'가 우리의 희망이다/'오늘 모든 것은 선이다'는 환상이다"라는 구절도 있어서 미적지근한 부분이 전혀 없는 것은 아닙니다. 미래의 시점에 현재의 악이 긍정될 가능성이 완전히 불식되지는 않았습니다. 그렇다고는 해도 손 놓고 최선설을 받아들일 가능성은 이미 남아 있지 않습니다.

철학 개념의 폐기

그리고 볼테르는 『캉디드』를 씁니다. 이 소설은 리스

본대지진에만 영향을 받아서 쓴 것은 아닙니다만, 5장에서 리스본대지진 자체를 그대로 다루고 있어 그쪽을 보지 않으려 해도 자꾸 눈길이 갑니다.

리스본에서 캉디드는 그 자신이 곤란한 상황에 처하기도 하고, 거리의 참상에 가슴 아파합니다. 하지만 동행자 팡글로스는 예의 그 초연한 학자의 태도로 충족 이유율만 떠벌입니다. 「리스본의 재앙에 관한 시」에서 "잘못을 저지르는 철학자들"이라 표현된 사람들을 희화화한 팡글로스의 무신경한 발언을 적당히 추출해보았습니다. 다음을 보십시오.

이 현상의 충족 이유는 어떤 것일 수 있을까요? […] 이 지진은 처음 보는 새로운 것은 아닙니다. […] 지난해, 남아메리카에서 리마라는 도시가 이와 같은 진동을 경험했습니다. 원인도 마찬가지, 결과도 마찬가지. 분명 지하에 리마에서 리스본까지 유황이 흐르는 길이 나 있을 것입니다. […] 이는 이미 논증이 끝났다는 것이 제 주장입니다. […] 다른 방식으로는 존재할 수 없습니다. […] 이 모든 것은 존재하는 가운데 최선이기 때문입니다. 리스본에 화산이 있다면 그 화산은 다른 곳에는 존재할 수 없습니다. 모든 것은 지금 존재하는 곳에 존재하지 않을 수 없기 때문입니다. 이렇게 말하는 이유는 모든 것은 최선이기 때문입니다. [⋯] 인간의 타락과 신의 저주는 최선의 가능 세계 안에 필연적으로 들어 있습니다. [⋯] 자유는 절대적 필연성과 양립할 수 있습니다. 우리가 자유로운 것은 그것이 필연이기 때문입니다.

볼테르는 재앙 앞에서 아무짝에도 쓸모없는, 아니 오히려 유해하기까지 한 철학 개념을 폐기하는 모습을 소설에서 펼쳐 보여주었습니다. 비록 소설 속이었지만 이는 충분히 철학적인 행동이라 할 수 있습니다.

철학 개념의 유해성을 끈질기게 반어적으로 보여주는 이런 행동은 철학자의 이름을 참칭한 타락한 자들로부터 진정한 의미의 철학을 탈환하려는 행위라고 간주해도 좋을 것입니다. 그 뒤에 볼테르가 『철학 사전』을 쓰면서 '선善(모든 것은 —이다)'이라는 항목에서 최선설에 대해 같은 공격을 했다는 사실도 밝혀두겠습니다.

커트 보니것과 볼테르

『캉디드』에 관한 여기까지의 설명에는 특별히 참신한 부분은 없습니다. 이 부분은 2011년 동일본대지진이 일어났을 때 새삼 주목을 받았던 주제이기도 합니다. 서두가 몹시 길기는 했지만, 앞에서 살펴본 것을 출발점으로 하여 최선설과 거의 같은 논리에 또 다른 방식으로 저항하는 사람을 소개하고자 합니다. 그는 또 다른 방식으로 '철학'을 했습니다.

바로 커트 보니것입니다. 미국의 SF작가이지요. 작은 일화에서 시작해보겠습니다. 커트 보니것이 볼테르를 언급한 적이 있을까요? 네, 실은 있습니다. 저는 딱 하나를 찾아냈는데요, 어쩌면 다른 것이 더 있을지 모르겠습니다. 커트 보니것이 죽기 전 마지막으로 출간한 에세이집 『나라 없는 사람』(2005)의 앞부분에 다음과 같은 구절이 있습니다.

웃기지 않는 것도 있다. 예를 들면, 아우슈비츠에 관한 유머러스한 책이나 촌극 같은 것을 나는 상상할 수 없다. 존 F. 케네디와 마틴 루서 킹의 죽음에 관한 농담을 짜내는 것도 나에게는 불가능하다. 하지만 이런 것이 아니라면 피하고 싶은 소재, 어떻게 해도 요리할 수 없는 소재 같은 건 아무리 생각해도 떠오르지 않는다. 대규모 재난이라는 것은 두려울 정도로 재미있다. 볼테르가 증명한 것처럼 말이다. 리스본대지진은 웃기지 않은가.

커트 보니것의 경험

"대규모 재난이라는 것은 두려울 정도로 재미있다"라든가 "리스본대지진은 웃기지 않은가"라는 말이 뒤틀린 농담이라는 것쯤은 금방 눈치챌 수 있다 하더라도 너무 경솔한 발언이긴 합니다. 왜 이런 기묘한 방식으로 이야기를 한 걸까요? 사실 보니것은 정말로 끔찍한 일을 겪었고, 이는 그 경험을 토대로 한 서술이라고 볼 수 있습니다. 『나라 없는 사람』에서 앞서 인용한 부분에 이어지는 구절을 살펴보겠습니다.

나는 드레스덴이 파괴되는 것을 보았다. 나는 파괴되기 전의 도시를 보았고, 방공호에서 나와 파괴된 후의

도시를 보았다. 분명한 것은 웃음은 하나의 반응이라는 점이었다. 영혼이 어떤 종류의 안식을 원했는지도 모르겠다.

어떤 소재건 웃음의 씨앗이 될 수 있다. 아우슈비츠 희생자들 사이에도 끔찍한 종류의 웃음이 있었으리라 나는 생각한다.

유머란 공포에 대한 거의 생리적인 반응이다. […]

그렇다. 웃음이 나오지 않는 농담이라는 것이 있는 것도 사실이다. 프로이트는 이를 교수대 유머라고 불렀다. 현실의 삶에는 어떤 안식도 상상할 수 없는 절망적인 상황이라는 것이 있다.

드레스덴에서 폭격을 당했을 때 우리는 천장이 무너져 내리는 것에 대비하여 양팔을 머리 위로 올리고 지하실에 앉아 있었는데, 병사 한 사람이 "오늘 밤 가난한 사람들은 어떻게 하고 있을까요?"라고 말했다. 마치 비가 내리는 추운 밤 대저택에 있는 공작부인이라도 된 것처럼 말이다. 아무도 웃지 않았지만, 그래도 우리는 그가 그렇게 말해주어서 정말로 기뻤다. 적어도 우리는 아직 살아있으니까! 그가 그 사실을 입증해주었다.

드레스덴 폭격

먼저 보니것에 관한 기본적인 정보를 우리의 논의와 관련된 부분만 제시해두겠습니다. 커트 보니것은 독일계 이민자의 후손으로 미국에서 태어나 자랐습니다. 1922년에 태어나 청년기에 제2차 세계대전을 겪습니다. 그런데 그는 하필이면 유럽 전선에, 그것도 독일군을 방어하는 전선에 가게 됩니다.

사실 이민 4세인 그에게 독일은 더 이상 '조국'이라 하기는 어려웠습니다. 부모 세대가 제1차 세계대전을 경험하면서 독일이라는 문화적 배경이 의도적으로 지워지기도 했던 것 같습니다. 그렇다고는 해도 보니것은 중등 교육에서 독일어를 배웠고, 나름대로 독일에 대한 생각이 있었던 것 같습니다. 그런 사람이 대독일 전선에 보내진다면 나치가 아무리 싫어도 상당히 복잡한 심정이 되지 않았을까요?

게다가 그는 너무나도 빨리 독일군에게 잡혀 포로가됩니다. 포로가 되어 작센주의 수도 드레스덴으로 연행됩니다. 드레스덴은 대도시입니다. 군사적으로는 별 의미가 없는 도시인데, 그곳에 잡혀 있을 때 어떤 일인지 같은 편인 연합군이 무차별 폭격을 가했습니다. '드레스덴 폭격'이라고 알려진 사건입니다.

이 공습은 드레스덴에 엄청난 손실을 입혔습니다. 시내 곳곳이 무너진 파편으로 산을 이루었습니다. 인명 피해도 무척 컸습니다. 대규모 전쟁 재해, 전쟁 범죄였으며 정확한 사상자 수는 알 수 없지만 수만 명이 죽은 것은 확실합니다.

보니것은 살아남았습니다. 미국으로 돌아가 우여곡절 끝에 SF작가가 됩니다. 몇 편의 작품을 쓰지만, 그러는 사이에도 드레스덴 폭격에 관해 제대로 쓰고 싶다는 생각을 줄곧 했다고 합니다. 그러나 쓰지 못하고 있었지요. 드레스덴에 관한 글을 쓴 것은 그로부터 20년 이상이 지난 1969년이었습니다. 『제5도살장』이 바로 그것입니다. 이 작품이 결국 그의 대표작이 되었습니다.

SF소설 『제5도살장』

『제5도살장』은 보니것이 자신의 체험을 기초로 쓴 작품입니다. 하지만 자서전이나 수기 같은 논픽션은 아닙니다. 소설입니다. 그렇다고 역사소설이나 실록소설 같

저
항
하
다

운
명
론
에

157

은 것은 아닙니다. 작품에서는 얼마간 작가 본인의 실제 경험이 그대로 확인됩니다. 특히 드레스덴 폭격 전후의 역사적 경험에서 중요한 부분은 거의 각색되지 않고 그대로 제시되어 있습니다. 하지만 작가 자신이 소설의 주인공은 아닙니다.

1장과 마지막 장에서는 창작 배경을 이야기합니다. '나'가 집필하는 현재 시점을 이야기하는 특수한 장으로서, 말하자면 머리말과 후기에 해당하는 것으로 읽을 수 있습니다. 그렇기 때문에 여기에서는 보니것과 동일시할 수 있는 '나'가 주인공으로 등장합니다. 하지만 그 두 장 사이에 있는 장대한 본문의 주인공은 다른 인물입니다. 그 인물에게는 '빌리 필그림'이라는 이름이 붙어 있습니다.

그렇다면 소설의 본편이 빌리의 순수한 전쟁 체험기 같은 것인가 하면 그렇지도 않습니다. 『제5도살장』은 SF 소설입니다.

구체적인 내용은 생략하고 설정만 이야기해보겠습니다. 빌리의 성장 과정, 유럽 전선에 투입된 일, 드레스덴 폭격 체험 등에는 실제 전기적 사실과 다른 부분도 있습니다. 하지만 기본적으로는 보니것의 인생을 따라갑니다. 다만 빌리는 전후에 성공을 거두지만 1976년에 죽는다는 설정입니다.

그렇다면 1922년에 태어나 1976년에 죽은 빌리의 일대기인가 하면 그렇지도 않습니다. 어느 시점에 빌리는 타임 슬립 능력을 획득합니다. 하지만 이 능력을 자기가 통제할 수는 없습니다. 인생의 중요한 지점에 다다르면 다른 시간으로 넘어가 버리는 식입니다. 아니, 뭐랄까요. 정신이 이동하여 그 시점의 자기 몸으로 들어가 버립니다. 그리고 또 다른 시간으로 옮겨 가는 일을 반복합니다. 독자는 시간 축을 왔다 갔다 하는 빌리의 기묘한 인생 흐름을 그대로 따라가게 됩니다.

빌리는 자신의 임종 순간마저 미리 알게 됩니다. 탄생과 죽음 사이로 이미 구간이 정해진 자신의 인생을 이리저리 왔다 갔다 하는 그런 이미지입니다. 그러는 가운데 빌리는 트랄파마도어 행성에서 온 외계인을 만납니다. 그들은 자유롭게 시간 여행을 할 수 있는 존재입니다. 우주의 시작부터 끝까지를 알고 있습니다. 그들의 사상은 간단히 요약하자면 운명론입니다. 자유의지 같은 것은 존재하지 않습니다. 무엇을 하든 과거처럼 미래도 바

운명론에 저항하다

꿀 수 없습니다. 미래는 그렇게 되도록 정해진 무언가에 지나지 않습니다. 빌리는 트랄파마도어 행성인의 사상에 영향을 받아 그 사상을 널리 알리게 됩니다.

"그런 것이다"

『제5도살장』은 이렇게 매우 특이한 소설입니다. 이 소설을 읽은 사람이라면 반드시 꼽게 될 잊을 수 없는 특징이 하나 더 있습니다. 바로 작품 속에 "그런 것이다"라는 표현이 자주 나온다는 것입니다. 영어로 말하자면 "So it goes"입니다. "뭐, 그렇게 되는 거지" 정도의 의미입니다.

앞서 볼테르의 단편 「되는 대로의 세계」에 관해 잠깐 언급했는데요, 이 '되는 대로의 세계le monde comme il va'라는 표현을 그대로 영어로 옮기면 'the world as it goes'라고 할 수 있습니다. 보니것이 볼테르의 이 단편을 참조했을 가능성은 별로 없지만 "이 세상은 되는 대로 될 수밖에 없다"라고 하는 둘의 공통 감각이 'it goes'라는 공통의 표현을 만들어낸 것이 아닐까 생각합니다.

이 "그런 것이다"라는 표현이 『제5도살장』에는 백 번도 넘게 나옵니다. 어떤 공통의 특징을 가진다고는 해도 서로 다른 일화가 소개될 때마다 이 말이 따라 나와 소설 전체의 이야기에 신비한 리듬을 만들어줍니다. 몇 가지 예를 보도록 하지요.

서두의 몇 가지 예

첫 번째 예는 보니것과 동일시할 수 있는 인물인 '나'가 전후에 드레스덴을 방문했을 때 안내를 해준 운전기사에 관한 이야기에 나옵니다.

> 게르하르트 뮐러라는 이름의 남자였다. 그가 말하길, 자기는 한동안 미국의 포로였다고 했다. 공산주의 체제하에서 살아가는 것은 어떤 느낌인지 묻자 그는 처음에는 몹시 힘들었다고 말했다. 누구든지 정말로 악착같이 일해야 했다고. 의식주가 부족했으니까. 하지만 지금은 훨씬 좋아졌다고 한다. 그에게는 작지만 안락한 아파트가 있고 딸은 훌륭한 교육을 받고 있다. 어머니는 드레스덴 공습 화재로 불타버렸다. 그런 것이다.

그다음으로 "그런 것이다"가 등장하는 부분은 이 역시

'나'의 추억으로 '기념품'에 관한 이야기입니다. 기념품이란 전쟁이 한창일 때 줍거나 해서 손에 넣은 전리품 같은 것을 말합니다.

내가 이 책에서 폴 라자로라고 부르는 광폭한 성격의 작은 미국 남자는 다이아몬드, 에메랄드, 루비 같은 것을 1쿼트 정도 가지고 있었다. 드레스덴의 지하실에 있던 죽은 사람들에게서 가져온 것이다. 그런 것이다.

다음도 '나'의 이야기인데요. 전쟁이 끝나고 신참 저널리스트로 일하던 때의 이야기입니다.

[…] 젊은 제대 군인[…]이, 어느 사무실 건물의 구석 엘리베이터를 움직이는 작업을 하고 있었다. […] 그 제대 군인은 엘리베이터를 타고 지하로 내려가기 위해 문을 닫고 엘리베이터를 하강시켰다. 그런데 하필 결혼반지가 엘리베이터 문 장식에 걸리고 말았다. 그는 위로 끌어올려졌다. 엘리베이터 바닥은 그를 공중에 남겨둔 채 내려가기 시작했고, 천장은 그를 짓눌렀다.

그런 것이다.

이와 같은 일화가 담담하게 소개됩니다. 그리고 "그런 것이다"라는 표현이 나오는 것이지요. 그 뒤에 단락이 바뀌면 대개는 마치 그런 이야기가 없었거나, 혹은 대단치 않았던 것처럼 다른 이야기가 시작됩니다. 말하자면 서사의 수준에서도 일종의 타임 슬립 같은 단절이 들어가 있다고 하겠습니다.

끝부분의 몇 가지 예

다음으로 소설의 마지막 부분에 있는 "그런 것이다"를 보겠습니다. 드레스덴 폭격이 끝난 후, 빌리 필그림을 비롯한 포로들은 공습으로 죽은 사람들의 시신을 발굴하는 작업을 하게 됩니다. 실제로 보니것도 같은 일을 경험했겠지요.

독일군 병사 하나가 손전등을 들고 새까만 어둠 속으로 내려가더니 오랫동안 돌아오지 않았다. 병사가 겨우 돌아와서는 구멍 근처에 있던 상관에게 아래에 수

십 구의 시체가 있다고 말했다. 시체는 모두 긴 의자에 앉아 있었다. 상처는 없었다.

그런 것이다.

그 앞에도 "그런 것이다"가 있습니다.

어느새 가동하는 시체 구덩이는 수백 개가 되었다. 처음에는 악취도 없고 마치 밀랍 인형 전시관 같았다. 하지만 나중에는 시체가 썩고 녹아서 장미나 머스터드 가스 같은 냄새가 났다.

그런 것이다.

빌리와 함께 [시체 발굴] 작업을 하던 마오리인은 그 냄새 속으로 내려가 일하라는 명령을 받자 더 이상 토해낼 것이 없는데도 끝없이 구역질을 했다. 결국엔 토하고 토하다가 가슴을 쥐어뜯으며 죽었다.

그런 것이다.

그래서 새로운 기법이 고안되었다. 더 이상 시체는 꺼내지 않는다. 시체를 발견한 그 자리에서 병사들이 화염 방사기로 소각한다. 병사들은 방공호 바깥에 서서 안쪽으로 불을 보내기만 하면 된다.

그 근처 어딘가에서 불쌍한 늙은 고등학교 교사 에드거 더비[빌리와 마찬가지로 포로가 된 미국 병사]가 붙잡혔다. 지하 묘지에서 주워 온 찻주전자를 가지고 있다가 들켰다. 그는 약탈 죄로 체포되었다. 재판에 회부되어 총살당했다.

그런 것이다.

다그치듯 중첩되는 "그런 것이다"가 이야기에 리듬을 만들어주고 있습니다.

처음에 나왔던 '기념품 이야기'는 이 마지막 에드거 더비 이야기의 복선입니다. 에드거 더비는 아무 생각 없이 독일에서 얻은 기념품으로 삼을 요량으로 주변에 떨어져 있는 찻주전자를 주웠겠지요. 하지만 작업 중에는 아무것도 취하지 못한다는 엄명이 있었기 때문에 총살을 당한 것입니다.

불편한 농담

『제5도살장』은 이렇게 "그런 것이다"가 끼어들면서 이야기가 전개되는 형태입니다. 저는 이 유명한 말 "그런 것이다"에 초점을 맞추고 싶습니다.

"그런 것이다"는 정말 심한 일, 비극적인 일이 일어났을 때 등장합니다. 그런 일이 일어난 다음 바로 "그런 것이다"가 쓰입니다. 그러니까 한편으로는 "어찌하여 그런 일이!"라는 분하고 억울한 마음이 있고, 다른 한편으로는 "하지만 어쩔 수가 없다"라며 체념하는 감정도 있습니다. 그 체념 같은 무언가가 화자를 그리고 독자를, 말하자면 위로합니다. 매번 "그런 것이다"라고 마무리되는 이 일화의 연쇄를 읽는 동안 독자에게는 왠지 모르게 웃음이 나오는 신기한 감각이 생겨납니다.

그렇습니다. 사건은 침울한 톤으로 담담하게 전개됩니다. 결코 비극을 얼버무리지 않습니다. 그럼에도 불구하고 아슬아슬한 부분에서 온화한 체념 같은 것이 작동합니다. 이 체념은 저릿저릿하게 스며들어 공유되기도 하지만, 이미 끝나버려 돌이킬 수 없는 현실의 사건에 대한 지나친 냉철함처럼 보이기도 합니다. 여기에서 기묘하고 아슬아슬한 유머가 생겨납니다. 이 몹시 불편한 유머가 소설의 처음부터 끝까지 일관되게 이어지는 미묘한 톤을 형성하고 있습니다.

최선설과 운명론을 부정하다

그렇다면 어떻게 "그런 것이다"가 이 신기한 유머를 작
동시킨 것일까요? 작품 속의 빌리 필그림도, 화자인 '나'
도 어딘가 트랄파마도어 행성인의 운명론에 찬성하는 듯
보입니다. 자유의지는 부정됩니다. 무엇을 한들 비극적
인 일은 일어나고, 우리에게는 그것을 피해 갈 방법이 없
습니다. 아무리 끔찍한 일이 벌어져도 그때마다 "그런 것
이다"라는 정해진 표현이 나옵니다. 그렇다면 여기서 도
출할 수 있는 보니것의 사상은 운명론이자 체념이며 자
유의지의 부정일까요?

소설 같은 허구의 작품에서 작가의 사상을 짐작하는
일이 항상 허용되는 것은 아닙니다만, 이 작품에서는 어
느 정도 허용해도 좋을 것 같습니다.

드레스덴 폭격을 비롯하여 부조리의 극한을 경험해온
인간에게 자유의지는 부정되어야 할까요? 인간은 모든
것을 운명으로 받아들일 수밖에 없을까요?

저는 그렇지 않다고 생각합니다.

보니것이 말하고자 한 바와 볼테르가 『캉디드』에서 말하려 한 것이 크게 다르지 않다고 저는 생각합니다. 즉 최선설이나 운명론 같은 것을 부정한다는 말입니다. 아마도 이 소설의 핵심은 거기에 있을 것입니다.

그런 것일 리가 없다

물론 작품 속의 빌리도, '나'도 "그런 것이다"를 통해 운명론을 수용하는 듯 보입니다. 하지만 그것은 어디까지나 빌리가 타임 슬립 능력을 획득했기 때문입니다.

그런 것이 있을 리 없지만, 만일 우리가 트랄파마도어 행성인처럼 타임 슬립으로 과거로도 미래로도 갈 수 있다면 운명론을 믿을 수 있을 것입니다. 자유의지를 부정할 수도 있겠지요. 하지만 그런 일은 실제로 일어나지 않습니다. 그러니 운명론에 절대로 굴복할 수 없습니다. 요컨대 "운명론에 굴복하여 '그런 것이다'라고 시치미를 떼고 있다니 그것이야말로 트랄파마도어 행성인이라도 되지 않으면 가능할 리가 없잖아!"라는 것입니다.

그러니까 "그런 것이다"는 그 말이 나올 때마다 "그런 것일 리가 없다!"라는 분노와 슬픔이 섞인 무언의 메시지를 동반하는 표현입니다. 우리는 그것을 어렴풋이 느낍니다. 그것이 기묘한 느낌의 유머를 만들어 이야기 속에서 우리를 이끌어줍니다. 아마도 그런 구조가 아닌가 생각합니다.

20세기의 볼테르?

여기까지 살펴본 뒤에 보니것이 『캉디드』에 관해 언급했던 말을 떠올려보면 그 함의가 제법 깊어집니다. 볼테르는 리스본대지진을 계기로 최선설을 비판했습니다. 그러나 최선설을 비롯한 운명론은 아마도 완전히 소멸하는 일 없이 인간이 인간인 한, 조금만 방심하면 얼굴을 드러내는 생각일 것입니다. 이러한 운명론은 리스본대지진이 일어나고 2세기 가까이 지난 뒤에도 역시 같은 방식으로 인간을 덮쳤습니다.

운명론에 대한 저항으로서 "그러한 논리 전개가 허락되는 사람은 기껏해야 시간 여행자뿐이다. 백 번 양보해서 시간 여행자만이 '그런 것이다'라고 말해도 무방할 것이다. 그 밖의 사람은 그런 말을 절대로 해서는 안 된다"라는 것을 보여주는, 무섭도록 비틀린 방식을 채용한 사람이 있었습니다. 아마도 그에게는 그것 말고는 다른 방법이 없었을 것입니다. 경험한 것의 '말할 수 없음'에 이야기를 부여하면서, 동시에 운명론에 대항하여 커다란 'No'를 들이미는 방정식을 풀기 위해서 커트 보니것에게는 SF라는 장치가 절대적으로 필요했던 것입니다.

커트 보니것을 두고 20세기의 마크 트웨인이라고 표현하는 사람도 있지만 어떤 면에서 보면 20세기의 볼테르라고 해도 좋지 않을까요? 그렇게 부를 수 있다면 커트 보니것 또한 볼테르와 마찬가지로 충분히 '철학자'였다고 할 수 있지 않을까요?

지금이
그 시간

마틴 루서 킹과 커트 보니것

영화나 소설 같은 픽션이 아니라, 실제 투쟁의 장에서 현실의 인간이 개념을 투입하여 '철학자'가 되는 사례로 이미 가야노 시게루를 살펴보았습니다. 5장에서도 비슷한 사례를 다룹니다. 미국 흑인 민권 운동civil rights movements의 중심인물 가운데 한 사람인 마틴 루서 킹 주니어(1929~1968)에 관한 이야기입니다.

참고로 말씀드리자면, 앞서 언급했듯이 커트 보니것이 "존 F. 케네디와 마틴 루서 킹의 죽음에 관한 농담을 짜내는 것도 나에게는 불가능하다"라고 말한 적이 있는데요.

『제5도살장』의 마지막 장에는 아주 적절하게도 다음과 같이 쓰여 있습니다.

> 로버트 케네디[J.F.케네디의 동생]의 여름 별장은 내가 1년 내내 사용하는 집에서 8마일 떨어진 곳에 있는데, 그는 이틀 전 밤에 총격을 당했다. 어젯밤에 죽었다. 그런 것이다.
>
> 마틴 루서 킹은 한 달 전에 총격을 당했다. 그도 죽었다. 그런 것이다.

흑인 민권 운동의 시작

먼저 흑인 민권 운동에 관한 최소한의 개략적인 설명부터 시작하겠습니다. 미국에서 노예제도는 19세기에 철폐되었지만, 1950년대에도 여전히 인종차별이 제도적·사회적으로 남아 있었습니다. 특히 남부에서는 그러한 경향이 현저했습니다. 예를 들어 백인 전용 찻집이 있었습니다. 학교도 백인용/흑인용으로 구분되어 있었고요.

가장 두드러지고 전형적인 차별은 버스 안에서 일어났습니다. 버스의 앞쪽 자리가 백인용, 뒤쪽 자리가 흑인용이었고 타고 내리는 문도 앞에 하나, 뒤에 하나 따로 있었습니다. 흑인은 뒷문으로 타야 했지요. 그런데 버스 요금은 운전석에 있는 운전기사에게 내야 했기 때문에 흑인은 일단 앞문으로 올라와 요금을 내고 하차했다가 다시 뒷문으로 타야 했습니다.

또 백인용 좌석이 만석이면 자리가 없는 백인은 흑인용 좌석에 앉을 수 있었지만, 반대의 경우는 가능하지 않았습니다. 뿐만 아닙니다. 백인과 흑인은 같은 열에 나란히 앉아서는 안 된다는 규칙이 있었습니다. 무슨 말이냐 하면, 흑인용 좌석에 백인이 한 사람이라도 앉게 된다면 그 열에 앉아 있던 흑인은 모두 일어나야 한다는 것이지요. 다른 백인이 없으면 그 열의 다른 자리는 빈자리가 됩니다. 그럼에도 흑인은 서 있어야 합니다.

1955년 12월, 앨라배마주 몽고메리에서 로자 파크스(1913~2005)라는 이름의 흑인 여성이 일을 마치고 집으로 돌아가는 길에 규칙대로 버스의 자리를 백인 승객에게 양보하라는 운전기사의 지시를 따르지 않았다는 이유로 체포됩니다. 이것이 발단이 되어 흑인들은 대규모 버스 승차 보이콧 운동을 조직했습니다. 이 운동의 리더가 되어달라는 부탁을 받은 사람은 몽고메리에 온 지 1년 남짓 밖에 되지 않은 마틴 루서 킹이라는 젊은 목사였습니다.

이 운동은 그 후 예상을 뒤집고 1년에 걸쳐 전개되었습니다. 뿐만 아니라 최종적으로 성공을 거두었습니다. '몽고메리의 버스 보이콧'은 미국의 연방대법원이 교통수단에서 인종차별을 하는 것은 위헌이라는 판결을 내면서 종결되었습니다. 킹 목사는 흑인 민권 운동의 리더 가운데 한 사람이 되어 전국 각지의 집회에 참가하거나 연설을 하게 되었습니다.

그러나 운동이 순조롭게 진행되었던 것만은 아닙니다. 인종차별을 계속 행하는 시설에 앉아 있는 '연좌 농성 sit-in'이나 그런 버스에 올라타는 '프리덤 라이더스 운동 freedom riders' 등이 각지에서 전개되었지만 안타깝게도 몽고메리에서만큼 큰 성공으로 인지되지는 못했습니다.

「버밍햄 교도소에서 온 편지」

킹 목사는 1963년 차별의 아성牙城 가운데 하나인 앨라배마주 버밍햄에 가서 운동을 조직하고 교착된 상황을 타개해보려 했습니다. 이곳에서 시위에 참가하던 중에 체포되어 교도소에 갇힙니다. 4월 12일의 일입니다.

그는 그다음 날 옥중에서 그 지역의 온건파 백인 성직자들이 낸 공동 성명을 읽게 됩니다. 차입된 신문에 게재된 그 성명은 대략 다음과 같은 내용이었습니다. 인종차별은 시정되어야 하지만 그 시정은 법정에서 이루어져야 하며, 다른 지역에서 온 사람이 지휘하는 흑인 시위 같은 성급하고 과격한 운동은 인정할 수 없다. 법, 질서, 상식에 비추어볼 때 흑인 커뮤니티는 이 운동에서 손을 떼어야 마땅하다…….

이 공동 성명에 대항하여 킹 목사는 며칠 동안 옥중에서 긴 반론을 씁니다. 그것이 오늘날 「버밍햄 교도소에서 온 편지」로 알려진 글입니다. 5장에서 중점적으로 다루고자 하는 것은 바로 이 「편지」입니다.

킹 목사의 주요 저작으로는 운동 초기의 일을 정리한 『자유를 향한 위대한 행진』(1958)을 먼저 꼽아야겠지만, 『왜 우리는 기다릴 수 없는가』(1964, 일본어판 제목은 '흑인은 왜 기다리지 않는가')에 수록된 이 「편지」도 못지않게 중요합니다. 어떤 면에서는 이 글이 '나에게는 꿈이 있습니다 I have a dream'라는 반복되는 구절로 잘 알려진 '워싱턴대행진(1963년 8월 28일)' 연설보다 중요할지도 모르겠습니다.

편지는 즉각적인 효과를 발휘하지 못했다

그렇지만 이 「편지」의 중요성을 그 효과와 영향력만으로 가늠할 수는 없습니다. 실제로 이 「편지」는 즉각적인 효과를 발휘하지는 못했습니다.

'버밍햄 투쟁'은 그와 다른 방식으로 성공합니다. 그전까지는 시위에 청소년을 동원하는 것을 피하는 분위기였지만 이때는 이것이 해제되었습니다. 그러자 경찰이 어린이에게까지 폭력으로 대응했습니다. 공교롭게도 이 끔찍한 광경이 미국 전 지역에 보도되는 바람에 많은 사람들이 흑인 민권 운동에 동조하게 되었습니다.

그 뒤로 워싱턴대행진, 1964년 시민권법The Civil Rights Act of 1964의 성립, 같은 해 킹 목사의 노벨평화상 수상이 이어집니다. 그리고 몇 년 뒤인 1968년 킹 목사는 암살됩니다. 이렇게 보면 '버밍햄 투쟁'은 킹 목사의 운동 인생에서 후반부가 시작되는 중요한 계기라 할 수 있습니다.

「버밍햄 교도소에서 온 편지」가 그 투쟁의 전개에서 충분히 적극적인 역할을 하지 못한 것이 사실이더라도,

그럼에도 불구하고 이것이 중요성을 잃지 않는 이유는 교착된 상황을 정면으로 주시하고 '철학'을 통해 저항의 형태를 보여주었기 때문입니다.

시의적절하지 않은 운동

이 저항에서 중심 개념으로 세워진 것은 '시간'입니다. '시간'은 그다지 특별할 것이 없는 단어이기는 합니다. 그런데 첫머리에서 이 시간이라는 것이 문제가 되었습니다. 백인 성직자들이 킹 목사 그룹의 활동에 대해 "현명하지도 않고 시의적절하지도timely 않은"이라고 한 것이 「편지」를 쓰는 계기로서 가장 두드러집니다. 이 표현이 그가 「편지」를 쓰는 동기가 되었습니다.

시의적절하지 않은 것은 무엇이고, 시의적절한 것은 또 무엇인가. 타이밍이 좋다거나 나쁘다는 것은 대체 어떤 의미인가. 킹 목사는 수차례 이 질문으로 돌아오곤 했습니다.

당신들이 낸 성명의 요점 가운데 하나는 버밍햄에서 내가 동료들과 했던 행동이 시의적절하지 않았다는 것입니다. "왜 새로운 시정부[마침 앨버트 바우트웰이 시장선거에서 승리한 직후라 상대적으로 온건하리라 예상되는 시정부]가 행동할 수 있는 시간을 주지 않는가"라고 물어온 사람도 있었습니다. 이 질문에 내가 할 수 있는 유일한 답변은 다음과 같습니다. 버밍햄의 새로운 시정부는 전임 시정부[강경한 인종차별주의자인 유진 불 코너가 영향력을 행사한 시정부]와 마찬가지로 찔러야만 행동할 것입니다. 앨버트 바우트웰이 시장에 선출된 것이 버밍햄에 새로운 천년을 가져오리라 생각한다면 슬프게도 이는 큰 착각입니다.

'찔러서' 생기는 '긴장'이 '온건'의 대립항으로서 긍정적으로 이야기되는 것에 관해서는 뒤에서 검토하겠습니다. 여기서는 일단 긴장을 만들어내는 것이 '시의적절한 것'에 대한 저항이라는 사실만 확인해둡시다. 그리고 더 직접적인 언명이 등장합니다.

솔직히 말하자면, 나는 직접행동direct action[1]의 계획에 많이 관여했습니다. 하지만 인종 분리라는 질병으로 심각한 고통을 받아본 적 없는 사람들 눈에 '시의적절하게' 보이는 직접행동은 본 적이 없습니다. 여러 해 동안 나는 "기다려!"라는 말을 들어왔습니다. 이는 귀를 찌르는 듯한 익숙함으로 모든 흑인의 귀에 걸려 있는 말입니다. "기다려!"라는 말은 거의 항상 "절대 안 돼!"라는 뜻이었습니다. 우리는 한 고명한 법률가가 말한 "너무 오래 지연된 정의는 거부된 정의이다"라는 말을 깨달아야 합니다.

킹 목사의 말은 억압하는 쪽에서 "딱 좋은 시점에 행한 시의적절한 행동이다"라고 평가하는 운동 같은 것은 정의상 있을 수 없다는 뜻입니다. 시간을 둘러싼 이 인식 차이야말로 문제가 발생하는 지점입니다. 일부러 만들어낸 긴장에 의해서만 이 어긋남은 표면에 드러납니다.

---

1 1960년대 신좌파의 강령이자 운동 지침. 마틴 루서 킹은 시민적 불복종에 기초한 '비폭력 직접행동'을 실천했다.

신화적 시간 개념

무슨 말인가 하면 몽고메리에서 버스 승차 보이콧을 벌이던 운동 초기라면 모르겠지만, 버밍햄 투쟁 시기에는 이미 강경한 인종차별주의가 아니라 겉으로는 운동을 이해한다고 말하는 온건주의가 문제라는 이야기입니다.

인종차별은 "기다려!"의 형태를 빌려 온건주의 안에서 연명하는 길을 찾아낸 것입니다. 운동이 발전함에 따라 문제는 핵심, 즉 시간을 둘러싼 물음으로 심화되었다고 할 수 있습니다.

지난 몇 년간 백인 온건파에게 크게 실망했습니다. 나는 자유를 향한 흑인의 발걸음에 걸림돌이 되는 것은 백인시민위원회나 쿠 클럭스 클랜Ku Klux Klan[2] 같은 무리가 아니라, 정의보다 '질서'에 헌신하고 정의가 존재하는 적극적인 평화보다 긴장이 부재하는 소극적인 평화를 선호하는 백인 온건파라는 매우 유감스러운 결론

---

2   백인우월주의, 반유대주의, 인종차별, 동성애 반대 등을 표방하는 미국의 폭력적 비밀결사 단체.

에 도달했습니다. 그들은 끊임없이 "당신들이 요구하는 목표에는 동의하지만 직접행동이라는 방법에는 동의할 수 없다"라고 말합니다. 그리고 자기들이야말로 다른 사람이 자유를 획득할 시간표를 정할 수 있는 자애로운 아버지라도 된다는 듯이 믿고 있습니다. 또한 자신들은 신화적 시간 개념 안에 살면서 흑인들에게 '더 적절한 시점'까지 기다리라고 끝없이 조언합니다.

그가 '신화적 시간 개념'이라고 부르는 것은 거의 여유를 두지 않고 '기묘하고도 비합리적인 개념'으로서 다시 구체적으로 표현됩니다.

저는 백인 온건파가 자유를 요구하는 투쟁과 관련해서는 시간에 관한 신화를 거부하기를 바랐습니다. 저는 텍사스의 백인 수도사에게 막 편지를 한 통 받은 참입니다. 그 사람은 다음과 같이 썼습니다. "유색인도 언젠가는 [백인과] 동등한 권리를 누리게 된다는 것을 모든 기독교인이 알고 있습니다. 하지만 종교적 견지에서 본다면 당신은 너무 서두르고 있는지도 모르겠습니다. 기독교 세계는 지금 손에 있는 것을 얻기까지 거의 2000년이 걸렸습니다. 그리스도의 가르침이 지상에 도래하는 데는 시간이 걸립니다." 이와 같은 태도는 시간에 관한 비극적인 오해, 즉 시간의 흐름 속에 모든 병을 필연적으로 치료할 수 있는 어떤 것이 들어 있다는 기묘하고도 비합리적인 개념에서 비롯합니다. 사실 시간 자체는 중립적인 것입니다[그 자체로는 긍정적이지도 부정적이지도 않다]. 시간은 파괴적으로도 건설적으로도 사용할 수 있습니다. [...] 인간의 진보는 필연성의 바퀴를 타고 굴러가는 것이 결코 아닙니다. 그것은 신과 함께 일하고자 하는 사람들의 지칠 줄 모르는 노력을 통해 오는 것이며, 이 고된 노력이 없다면 시간 그 자체는 사회의 정체를 강화하는 동맹군이 될 것입니다. 우리는 옳은 일을 하기 위한 시간은 언제나 무르익어 있다는 것을 알고 시간을 창조적으로 사용해야 합니다. 지금이 바로 민주주의의 약속을 현실로 만들고, 우리의 보류된 국가적 애가를 형제애의 창조적 찬송가로 바꿔야 할 시간입니다. 지금이 바로 우리의 국가 정책을 인종적 부정의의 모래 늪에서 인간의 존엄이라는 견고한 바위 위로 끌어올릴 시간입니다.

「편지」 전체를 지배하는 시간론

「편지」의 내용이 이 시간론에만 할애되어 있는 것은 아닙니다. '과격함'에 대한 고찰, 기존 교회에 대한 비판, 흑인이 처한 상황에 관한 구체적 설명 등 그 밖에도 이 텍스트를 구성하는 다른 요소들도 있으며, 이 모든 것이 논의에 필수불가결한 부분입니다. 독자의 마음을 흔드는 많은 세부적인 것들은 오히려 거기에서 발견되는 것도 사실입니다.

하지만 한편에 '언젠가는' 도래할 '시의적절한' '더 좋은 시기'까지는 '시간이 걸린다'라고 하는 '온건한' 사람들의 '시간에 관한 오해'로서의 '신화적 시간 개념'이 있으며, 다른 한편에는 '긴장'과 '종교적 견지에서 본 서두름'을 불러일으키는 사람들의 '항상 무르익어 있고' '창조적으로 사용해야 할' '지금'이라는 시간이 있습니다. 이런 구조가 이 「편지」 전체를 지배하며, 논리 전개에 리듬을 주고 있음은 분명합니다.

아프리카 국가들이 식민 지배국에서 잇달아 독립한 일

(1960)을 암시하는 듯한 "의식적이든 무의식적이든 시대정신Zeitgeist[3]에 사로잡혀 있는 미국의 흑인은 아프리카의 검은 형제들, 그리고 아시아, 남아메리카, 카리브해의 갈색 혹은 황색 형제들과 함께 인종 정의라는 약속의 땅을 향하여 비상한 긴박감을 가지고 움직이고 있습니다"라는 글도 세계적 규모로 바로 '지금'이 도래하고 있는 시대라는 언명으로 읽을 수 있겠지요.

나아가 "이렇게까지 긴 편지를 쓴 것은 처음입니다. 너무 길어서 당신의 귀중한 시간을 빼앗지는 않았을까 걱정입니다"라는 맺음말 앞부분에 쓰인, 얼핏 보면 특별할 것 없는 의례적 수사로 보이는 문구도 시간에 둔감한 '온건파'를 향한 통렬한 비아냥거림이라 읽는 것이 자연스러울 것입니다. '더 적절한 시점'으로 쉽게 미룰 수 있는 당신들의 융통무애融通無礙[4]한 시간도 틀림없이 귀중하겠지요, 라는 뜻입니다.

---

3 한 시대에 널리 퍼진 지적, 정치적, 사회적 동향을 나타내는 말로 그 시대 사람들의 의식을 지배하고 있는 정신 상태를 뜻한다. 이 용어는 18세기 후반부터 19세기에 걸쳐 독일을 중심으로 등장하였다.

4 행동이나 생각이 아무런 방해 없이 자유롭게 뻗어나가는 모습.

이 비아냥거림은 그 뒷부분을 읽어보면 더욱 분명해집니다. "편안한 책상 앞에 앉아 썼다면 훨씬 짧은 글이 될 수도 있었을 것입니다. 하지만 좁은 독방에 혼자 있다면 긴 편지를 쓰고, 긴 생각에 몰두하고, 기나긴 기도를 하는 것 말고 무엇을 할 수 있을까요?" 백인 온건파에게는 길게 느껴질 시간이 비아냥거림 속에서 귀중한 것이 되고, 꼭 해야 할 일이 있는데도 어쩔 수 없이 교도소에서 시간을 죽이고 있는 킹 목사의 긴급함이 사고의 속도 자체를 높여 '지금'이라는 시간이 초조함 속에서 확장되어갑니다.

워싱턴대행진 연설과 비교하면

이 「편지」가 어쩌면 워싱턴대행진 연설보다 중요할지도 모릅니다. 킹 목사의 시간론이 그 상황에 직접 맞닿은 채로 상황을 논하는 데 온 힘을 다해 머물러 있기 때문입니다. 물론 워싱턴대행진 연설도 「편지」와 마찬가지로 '지금이라는 맹렬한 긴급성'을 환기하고 있기는 합니다.

우리는 또한 지금이 얼마나 맹렬한 긴급성을 지닌 시점인지 미국이 깨닫게 하기 위해 이 신성한 장소에 왔습니다. 열기를 식히는 사치를 부리거나 점진주의라는 진정제를 복용할 때가 아닙니다. 지금이 민주주의의 약속을 현실로 만들 바로 그 시간입니다. 지금은 어둡고 적막한 인종 분리라는 계곡에서 인종 정의라는 햇살이 비치는 길로 걸어 올라올 바로 그 시간입니다. 지금은 우리 나라를 인종 부정의의 모래 늪에서 형제애라는 견고한 바위 위로 끌어올릴 바로 그 시간입니다. 지금은 하느님의 모든 자녀를 위해 정의를 실현시킬 바로 그 시간입니다.

그렇습니다. 「편지」와 마찬가지로 절박한 심정이 나타나 있습니다. 부분적으로 동일한 표현도 확인됩니다. 하지만 아시는 대로 몇 분 뒤에 킹 목사는 이 초조함을 옆으로 밀쳐두고 미래를 꿈꾸기 시작합니다. 물론 그것은 매우 아름다운 꿈입니다만, 여기서 우리가 주목할 것은 '지금'이 아니라 '언젠가'가 언급되었다는 사실입니다. "나에게는 꿈이 있습니다. 언젠가는 조지아의 붉은 언덕에서 예전에 노예였던 이의 아들과 예전에 노예의 주인이었던 이의 아들이 형제애의 탁자에 함께 둘러앉을 수 있으리라는 꿈입니다"라고 운운한 것이지요.

꿈을 꾸는 것은 물론 좋습니다. 하지만 그 꿈은 신속하게 실현되어야 합니다. "점진주의라는 진정제를 복용"하지 않는다는 것은 이런 말이겠지요. 하지만 녹록지 않은 현실에 킹 목사는 결국 위축되어 여기에서는 '언젠가'를 구체적으로 표현하지 않았는지도 모릅니다.

그에 비해 「편지」는 철두철미하게 시간에 관한 두 가지 구상 사이의 투쟁으로 조직되어 있습니다. 이는 버밍햄 투쟁 시기의 텍스트를 정리한 책의 제목을 『왜 우리는 기다릴 수 없는가』라고 붙인 데서도 단적으로 드러난다 하겠습니다. 이 시기의 구체적인 투쟁에서 시간이 정말로 핵심적인 문제를 구성했음을 알 수 있습니다.

신중하게 고려된 속도

이 점은 실제 문맥을 참고하면 더 명확하게 알 수 있습니다. "왜 우리는 기다릴 수 없는가", 우리는 왜 "시간을 창조적으로 사용"해야 하는가.

『왜 우리는 기다릴 수 없는가』에 수록된 「흑인 혁명」과 「치유의 칼」이라는 텍스트를 참조하면 당시의 구체적인 상황을 엿볼 수 있습니다. 먼저 「흑인 혁명」의 한 부분을 인용해보겠습니다.

> 흑인들은 학교의 인종 분리 철폐의 느린 속도에 몹시 낙담했다. 1954년에 이 나라의 최고 법정이 학교의 인종 분리 철폐를 "매우 신중하게 고려된 속도로" 행할 것을 명령하는 판결을 내렸음을 흑인들은 알고 있었다. 그리고 대법원이 내린 이 포고가 매우 신중하게 고려된 지연으로 받아들여졌다는 것도 알고 있었다. 이 역사적 결정이 내려지고 9년이 지난 후인 1963년 초에도 남부 흑인 아동의 약 9퍼센트 정도만이 인종 통합 학교에 다녔다. 이 속도가 유지된다면 남부의 학교에서 인종 통합이 현실이 되는 때는 2054년이 될 것이다.

백인용/흑인용 학교라는 차별적 제도가 존재했다는 것은 앞에서 이미 언급했습니다. 연방대법원은 1954년에 이에 확실히 반대하는 의견을 내놓았습니다. 하지만 성급한 통합은 심각한 충돌을 일으킬 수 있다는 배려에서 통합은 '매우 신중하게 고려된 속도로' 행하라는 말이 판결문에 추가됩니다.

하지만 이 '신중한 고려'가 온건주의자의 손에 떨어지면서 속도는 '지연'으로 그 모습이 바뀌어버립니다. 이 애매한 문장이 없었더라면 통합은 즉시 이루어졌겠지요. '즉시'가 아니라면, 그러니까 조금이라도 '속도'라는 것이 상정된다면 지연은 얼마든지 일어날 수 있습니다.

온건주의자들의 주장은 "멈추지만 않는다면 일단 속도는 내고 있는 거잖아요? '신중하게 고려하려면' 이 정도 늦어지는 것은 어쩔 수 없잖아요?"라는 것입니다. 시간을 구상하는 권력을 쥔 자가 누구인가에 따라 빠름과 느림이 좌우되는 것은 당연합니다. 아래도 「흑인 혁명」에서 인용한 내용입니다.

처음의 격분이 가라앉자 현상 유지를 원하는 이 사람들[인종차별주의자들]은 자신이 설정한 변화 일정을 강요하며 공격적인 태도를 취했다. 신중하게 고려된 속도로 이루어져야 할 진보는 남부 대부분 지역 흑인 아동의 2퍼센트 미만에게만 일어났고, 남부의 가장 깊숙한 지역의 몇몇 구역에서는 1퍼센트의 10분의 1에게도 일어나지 않았다.

토크니즘

연방대법원의 판결문을 악용한 이런 조작은 놀랍게도 연방대법원 자체에 의해 사실상 승인됩니다. 앞서 살펴본 「흑인 혁명」의 내용 뒷부분을 인용해보겠습니다.

연방대법원이 아동선별법Pupil Placement Law을 [합법이라고] 승인하면서 1954년의 결정에서 [인종차별을 인정하지 않는 자신의 입장에서] 후퇴하고 말았다는 것은 잘 알려지지 않은 사실이다. 이 법은 아동이 어느 학교에 입학할 수 있는가를 주정부가 가족 배경, 특별한 능력 및 그 외의 주관적 기준에 따라 결정할 수 있게 하는 내용이었다. 아동선별법은 학교에서의 인종 통합에 변형과 제한을 가하는 것으로 인종 분리를 철폐하려 한 최초의 결정에서 완전히 멀어졌다. 연방대법원은 기술적으로는 입장을 번복하지 않은 채 토크니즘 tokenism을 법적으로 승인하여 인종 분리가 형식적으로는 불법이지만 실질적으로는 무한정 지속될 수 있음을 보장한 것이다.

토크니즘이란 예를 들어 텔레비전이나 영화에서 흑인이나 여성 같은 소수자를 토큰처럼 아주 조금 등장시켜 차별이 존재하지 않는 것처럼 보이게 해 차별에 대한 비판을 회피하는 것을 가리킵니다.

이런 경향에 대해 킹 목사는 이미 언급한 적이 있습니다. 「치유의 칼」에서 그는 "여기저기에 [흑인] 판사도 있고, 카펫이 깔린 사무실의 번쩍번쩍한 책상에 앉아 있는 [흑인] 중역도 한 명 있고, 앞으로 한 발짝만 더 나아가면 장관이 될 수 있는 정부의 고위 [흑인] 행정관도 한 명 있고, 군의 보호를 받으며 미시시피의 대학을 다니는 [흑인] 학생도 한 명 있으며, 어느 대도시의 전체 고등학교에 입학이 허용된 흑인 아이가 세 명이나 있다"라고 열거했습니다. 이것은 모두 토큰이며, 여전히 계속되는 인종차별의 현실을 보이지 않게 하기 위해 사용된 것이라는 주장입니다.

토큰(대용화폐)

킹 목사는 또 다른 흥미로운 설명도 했습니다. 「치유의 칼」에서 킹 목사는 순진한 척 사전을 들춰보면서 이야기를 시작합니다. 토큰이란 무엇인가?

> 상징. 지표나 증거(우정의 증표). 기념품. 화폐 대신 사용하는 금속 조각, 운송 수단에 운임을 지불하기 위해 대용화폐로 사용하는 것. 기호, 마크, 엠블럼, 추억하는 물건, 징조.

여기에서 시작되는 킹 목사의 급조된 기호론은 곧장 흑인 민권 운동의 역사를 참조합니다. 네, 그렇습니다. 운송 수단이라면 로자 파크스가 좌석에서 일어나지 않았을 때부터 '프리덤 라이더스 운동'에 이르기까지 일단은 항상 버스였습니다. 킹 목사는 버스에 탈 때 화폐 대신 사용하는 대용화폐, 즉 토큰이 정의상 내포할 수밖에 없는 문제로 주의를 환기시킵니다. 다음 인용문도 「치유의 칼」에서 가져온 것입니다.

연방대법원이 아동선별법을 승인하여 학교에서의 분리 정책에 관한 결정을 수정한 것은 토크니즘이 그 결정의 의도를 변질시키도록 내버려둔 것이다. 흑인은 진짜 동전을 상징하는[그러니까 같은 가치를 가졌다고 여겨지는] 반짝반짝한 금속을 건네받고 민주주의로 가는 짧은 여행을 허가받았는지도 모른다. 하지만 동전 대신 토큰을 파는 사람이 그 토큰의 가치를 취소하거나, 목적지에 다다르지도 못했는데 버스에서 내리라고 명령할 권력을 가지고 있다. 토크니즘이란 [어떻든 간에] 지불하겠다는 [비어 있는] 약속이다. 민주주의란, 가장 바람직한 의미에서 지불이다.

'시민권' 달러와 같은 가치라고 하는 메달을 건네받고, 행선지 표시에 '민주주의'라고 쓰인 버스에 믿고 올라탄다. '시민권' 달러 구간의 종점에 있는 '민주주의'에 도착할 때까지 땀투성이 손에 메달을 소중히 쥐고 있지만, 중간에 그 메달이 단순한 금속 조각이라는 이야기를 듣는 게 아닐까 불안이 엄습해온다—이 악몽은 킹 목사가 운동을 하는 과정 속에 있었기 때문에 떠올릴 수 있었던, 아마도 가장 강렬한 비유일 것입니다.

워싱턴대행진 연설 – 수표에 관하여

워싱턴대행진 연설에도 이 비유가 형태를 바꿔 사용됩니다. 여기서는 화폐 대신 사용하는 토큰이 아니라 수표, 약속어음이 등장합니다. 이 수표의 비유는 앞에서 인용한 '지금이라는 맹렬한 긴급성'에 관한 구절 직전에 등장하는데요, 연설 전체에서는 서두 부분에 해당합니다. 연설 원고의 앞부분은 「치유의 칼」과 거의 같은 톤으로 쓰여 있다고 봐도 좋습니다.

어떤 면에서 우리가 수도에 찾아온 것은 수표를 현금화하기 위해서입니다. 우리 공화국을 건축한 사람들이 헌법과 독립선언문의 훌륭한 글을 썼을 때, 그들은 미국인 한 사람 한 사람이 상속인이 될 약속어음에 서명했습니다. 그 어음은 모든 인간이, 그렇습니다, 백인과 마찬가지로 흑인도 '생명, 자유, 행복의 추구'라는 양도할 수 없는 권리를 보장받을 것이라는 약속이었습니다.

유색 인종 시민에 관한 한 오늘의 미국은 명백히 약

속어음의 지불을 이행하지 않았습니다. 이 신성한 의무를 이행하는 대신에 미국은 흑인에게 부도어음, '불충분한 자금'이라고 쓰인 채 돌아온 수표를 주었습니다. 하지만 우리는 정의의 은행이 파산했다고 믿지 않을 것입니다. 우리는 기회라는 이 나라의 커다란 금고에 충분한 자금이 없다고 믿지 않을 것입니다. 그래서 우리는 이 수표를 현금화하기 위해 찾아왔습니다. 요구에 응하여 우리에게 자유라는 풍요로움과 정의의 보장을 가져다줄 수표 말입니다.

하지만 「치유의 칼」에 나오는 토큰 비유가 역시 훌륭하지요? 부도 수표는 더 이상 현금화할 수 없으니 이는 너무 지독한 이야기이긴 하지만, 그 심각성을 바로 깨달을 수 있습니다. 이에 반해 토큰은 현금과 동일한 것으로 간주될지 간주되지 않을지 시간이 지나도 알 수 없다는 불안과 공포를 지속시킵니다.

반드시 지켜지는 약속?

약속이란 본래 지키든 어기든 둘 중 하나입니다. 약속

은 물론 지켜져야 하고 지키는 것을 전제로 하지만, 그렇다고 해서 어길 가능성이 없다면 약속이 성립할 수 없는 것도 사실입니다.

어기지 않을 것을 처음부터 알고 있는 약속이 있다면, 그것은 관계자들 사이에서 미래의 일정을 확인하는 것에 지나지 않습니다. 엄밀하게 말하자면, 그런 것은 약속이라고 부를 수 없습니다.

"내가 어길 가능성이 원칙적으로 전혀 없다고는 할 수 없으며, 앞으로의 일을 내가 완전히 보증할 수 있는 것도 아니지만, 그럼에도 혹은 그렇기 때문에 더욱 나는 고의로 약속을 어기지 않을 것이며 어기지 않도록 노력할 것임을 밝힙니다"라는 것이 약속이지요.

그런데 토크니즘에서는 이른바 약속을 어기는 일이 그 정의상 있을 수 없습니다. 지키지 못할 때마다 기일이 연기되기 때문입니다. 어길 수 없는 이상 지키지 않았다고도 할 수 없습니다. 이것을 약속이라고 할 수 있을까요?

본래 약속을 지켰는지 어겼는지는 기일이 되면 반드시 판명되는 것으로, 지키든 어기든 원칙적으로 이 기일에 도달할 가능성이 약속을 약속답게 만듭니다. 하지만 토크니즘에는 그런 가능성이 없습니다. 이것은 기한 없는 약속입니다. 어길 가능성조차 애초에 없애버린 가짜 약속이라고 할 수 있겠지요.

킹 목사와 동료들이 '왜 기다릴 수 없는지', 기다리는 시간이 왜 폐기되어야 하는지가 분명해집니다. 문제의 핵심에 무한 연기라는 현상이 있는 이상, 문제의 해결에 연기라는 수단을 사용할 수 없는 것은 당연한 일입니다. 시간이 해결해줄 리 없습니다. 여기에서 제기되는 것이 「편지」에서 설명한 '창조적으로 사용해야 할' 시간, '지금'이라는 시간입니다.

바울을 대신하는 킹 목사

그런데 이 「편지」라는 글을 쓴 사람은 누구인가요? "지금이 그 시간입니다"라고 말한 것은 누구인가요? 물론 옥중의 킹 목사입니다. 하지만 이 시간론은 그가 처음부터 만들어낸 것이 아니라 어딘가에서 가져온 것일지도 모릅니다. 토니가 해변에서 물고기의 비유를 건져낸 것처럼 말입니다. 킹 목사의 해변은 어디였을까요? 바울이 그의 해변입니다. 성직자인 킹 목사로서는 놀라운 선택은 아닙니다.

바울은 예수 사후에 회심하여 남은 반평생을 전도에 바친 인물입니다. 『신약성서』에는 그 내용이 기록된 「사도신경」뿐 아니라 바울이 쓴 다수의 서간도 수록되어 있습니다. 선교자라면 누구보다 바울에 자신을 투영하고 싶은 부분이 있을 것입니다. 킹 목사도 예외는 아니었습니다. 시사적인 예를 하나 들어보겠습니다.

킹 목사는 몽고메리의 버스 보이콧 운동 중에 기묘한 설교를 했습니다. '미국의 기독교인에게 보내는 바울의 편지'라는 제목의 그 설교는 "사도 바울의 펜으로 쓴 상상의 편지를 여러분과 공유하고 싶습니다. 소인을 보니 이 편지는 에베소에서 왔군요"라며 시작합니다. 헬라어로 쓰인 이 편지를 킹 목사가 열심히 영어로 번역한 것이 이 설교의 본문인데, "내용이 기묘하게도 사도 바울이 아니라 킹이 말하는 것처럼 들릴지도 모르지만 이는 사도 바울의 명석함이 부족해서가 아니라 제가 완벽하게 객관적이지는 않기 때문입니다"라는 등의 해명을 하고 있습니다.

그러니까 1900년 전 사람인 바울이 아직 살아 있어서 현재 미국의 상황을 듣고 편지를 보내 왔다는 설정인 것이지요. "몇 년 전에 로마의 기독교인에게도 말한 적이 있습니다만"이라는 서두로 시작하여 『신약성서』에 수록된 「로마인들에게 보낸 편지(로마서)」를 인용합니다.

이 농담 같은 가짜 편지에서 화자인 바울은 미국이 과학기술 방면으로는 굉장히 진보했지만 도덕적으로는 진보하지 못하여 자본주의에 의한 착취와 인종차별 등 경악할 만한 상황이 나타나고 있고, 이러한 상황에서 벗어나기 위해서는 무엇보다 사랑이 필요하다고 말합니다.

내용이 그다지 독창적이지는 않습니다만, 킹이 바울인 것처럼 이야기한다는 이 발상 자체는 청중에게 호평을 받은 모양입니다. 이 설교는 적어도 두 번은 행해졌다고 합니다. 조금 바뀐 내용이 버스 보이콧 운동 당시의 설교집 『사랑의 힘』(1963, 일본어판 제목은 '너의 적을 사랑하라')에 수록되어 있습니다.

바울에 대한 명시적 언급

킹 목사는 아마 7년쯤 전의 이 편지를 떠올리면서 두 번째 「편지」를 썼을 것입니다. 공식적인 수신자뿐만 아니라 그 밖의 사람들도 읽을 수 있는 공개서한이라는 설정도, 옥중에서 쓴 편지를 성명으로 전환하는 형식도 사도 바울의 편지 형식을 그대로 차용했다고 할 수 있습니다.

「버밍햄 교도소에서 보내는 편지」에는 자신이 본받아야 할 인물로 바울이 두 번에 걸쳐 등장하기도 합니다. 먼저 킹 목사가 '외부인'의 개입이라는 비난에 대항하여 쓴 문장 가운데 바울이 있습니다. "사도 바울이 자신의 고향 타르수스를 떠나 예수 그리스도의 복음을 그리스-로마 세계의 구석구석까지 운반한 것과 마찬가지로, 저도 자유의 복음을 제가 사는 곳을 넘어선 다른 곳으로 운반해야 합니다. 바울처럼 저도 마케도니아인의 구원 요청에 끊임없이 응해야 합니다."

또한 '과격하다'고 하는 비난에 대해 킹 목사가 열거한 과거의 '과격파' 가운데에도 예수와 마르틴 루터, 에이브러햄 링컨 등과 함께 바울의 이름이 보입니다. "'나는 예수의 낙인이 찍힌 사람'이라고 말한 바울은 기독교 복음을 위해 활동한 과격파가 아니었을까요?" 다만, 이런 종류의 참조가 「편지」에서만 보이는 것은 아닙니다.

1957년의 설명

중요한 것은 역시 어디까지나 「편지」에서 논의의 골격 자체가 정말로 '바울식'이 되었다는 것입니다. 이 골격을 지탱하고 있는 것이 이 장에서 문제 삼고 있는 시간론 자체가 아닐까 하는 것이 저의 가설입니다. 킹 목사의 시간론이 바울의 시간론을 빌린 것 아닐까 추측하는 것이지요. 그때까지 킹 목사가 바울의 시간론을 언급한 사례는 별로 없습니다. 1957년에 나온 문답 형식의 교육 기사 정도에서 바울의 시간론이 언급되었습니다.

권위에 복종하라는 바울의 입장과 흑인 민권 운동은 양립할 수 없는 것 아닌가 하는 질문에 킹 목사는 바울의 시대라는 문맥을 고려해야 한다고 답했습니다. 말하자면 바울은 세계가 곧 끝난다고 믿었기 때문에 외적 조건을 바꾸기보다 새로운 시대를 준비하자고 사람들을 설득했습니다. 당시에는 기존의 사회 질서에 좋지 않은 면이 있다고 하더라도 그것을 바꿔야겠다는 사명을 의식하지는 못했습니다. 하지만 지금 우리는 바울의 시대와는 다른 새로운 시대를 살아가고 있으며, 사회 질서를 바꾸기 위해 수동적 저항을 하는 것은 정당화될 수 있습니다.

바울의 설명

세속의 권위에 복종하라고 가르치는 구절은 「로마인들에게 보낸 편지」에서 볼 수 있습니다. 통치자 또한 신에게서 유래하여 우리가 선을 행하도록 신을 위해 일하고 있으니 그를 따르라는 정도의 논리입니다. 이는 선한 정치를 무조건적으로 전제한 논의로 보입니다. 즉 위정자와 신을 어째서인지 같은 편에 두고 있습니다.

참고로 세 개의 복음서에서 볼 수 있는 "카이사르의 것은 카이사르에게, 하느님의 것은 하느님에게"라는 유명한 일화에서는 오히려 신과 세속 권력이 완전히 분리되어 있고, 그런 바탕 위에서 세속 권력에 매우 한정적인 권위만 허용되어 있음을 읽을 수 있습니다. 즉 예수는 세속 권력이 신의 영역 안으로 들어오는 것을 거부했습니다. 바울의 논리는 이와 다릅니다.

어쩌면 바울의 논리는 가뜩이나 자신들이 수상한 부류로 간주되는 상황에서 비본질적인 불법 행위로 인해 더욱 권력자의 눈 밖에 나서는 안 된다는 생각에서 취한 전략적 방편에 불과했는지도 모릅니다.

어쨌든 성직자인 킹 목사가 바울의 편지 내용을 대놓

고 부정하는 것은 당연히 불가능했습니다. 그래서 킹 목사는 종말론을 가져옵니다. 바울의 종말론이 전형적으로 드러나는 텍스트는 「데살로니카인들에게 보낸 첫째 편지(데살로니가전서)」입니다. 바울이 살아 있을 때 '하느님의 나라'가 도래하여 이미 고인이 된 신자와 그 뒤를 이어 살아 있던 신자가 그리스도에 의해 승천하게 됩니다. 그러니 그때까지 각성하여 제대로 살아야 합니다. 「코린토인들에게 보낸 첫째 편지(고린도전서)」에도 그리스도가 이끄는 죽은 자의 영적 부활과 이 세상의 종말이 쓰여 있습니다. 바울은 이러한 종말론을 진심으로 믿고 있었다고 생각하는 것이 타당할 터입니다.

킹 목사의 해명과 고통

그러나 바울이 "세계 자체가 종말을 맞이하는데 이제와서 사회 개혁 같은 것을 해봤자 의미 없어"라고 말하는 것은 아닙니다. 오히려 세계가 종말을 맞이하기 때문에 똑바로 살아야 한다는 것이 바울의 주장입니다. 그렇다고는 해도 바울은 그러한 자기 규율을 권력자들에게 따져 묻는 것으로 이어가지도 않고, 권력자가 부과한 질서와 갈등을 일으키는 것을 상정하지도 않았습니다. 따라서 바울이 종말론에 빠져 있었기 때문에 사회 개혁을 주장하지 않았다고 보는 킹 목사의 설명에는 다소 궁색한 부분이 있습니다.

한 가지 생각해볼 수 있는 점은 몽고메리에서의 운동이 일단락되고 얼마 지나지 않은 1957년의 시점에는 아직 킹 목사의 마음속에서 시간론의 필연성이 그렇게 절실하지 않았다는 것입니다. 몇 년이 지나도록 운동이 교착 상태에 머물자 비로소 더 이상 '기다릴 수 없다'는 절박감에서 시간론이 구체화될 수 있었던 것이지요.

구제되어야 하는 현재

그렇다면 바울이 말하는 종말론에 기초한 이 시간론의 핵심은 무엇일까요? 우리는 몇 가지 단편적인 문구에서만 이를 추측할 수 있습니다. 킹 목사는 '1611년 킹 제임스 흠정역'[5] 성서를 읽었으리라 추정되므로 다음부터는 이

---

5 영국의 국왕 제임스 1세(1566~1625)의 명으로 1611년에 번역되어 나온 성서의 영어 번역본.

판본을 번역하겠습니다.

　「에페소인들에게 보낸 편지(에베소서)」에서 바울은 "어리석은 자가 아니라 지혜로운 자로서 시간을 구제하여 자신이 걷는 곳을 진중하게 살펴보라"라고 말합니다. 이 '시간을 구제하여'라는 표현은 「코린토인들에게 보낸 편지」에서도 볼 수 있습니다. 여기서는 '시간을 낭비하지 말고 절약하여 잘 써서'라는 평범한 뉘앙스로 이해해도 괜찮을 것입니다. 킹 목사라면 '창조적으로 사용하여'라고 이야기할 만한 부분일지도 모르겠네요. 왜 구제하고 절약해야 하느냐면, 곧 하느님의 나라가 도래한다면 시간이 점점 더 부족해질 것이기 때문입니다.

　구제되어야 할 시간은 「로마인들에게 보낸 편지」에서는 '지금 현재시現在時'라 불립니다. 지금 이 시간이라는 뜻이지요. 다시 한번 말하지만 이는 단지 아무 의미 없는 현재가 아니라, 머지않아 종말이 다가오리라는 초조함을 전제로 인식되고 감각되는 정신없이 분주한 현재입니다.

지금이 바로 그 시간

　그 시간에 대한 이미지가 가장 명료하게 제시되어 있

는 것이 「코린토인들에게 보낸 첫째 편지」에 나오는 '시간은 짧다'라는 표현입니다. 이는 바울의 헬라어 원문을 참조하면 '시간은 수축하고 있다'라고 읽을 수 있는 표현입니다.

종말론을 전제로 한 이 시간 감각이야말로 킹 목사가 투쟁하는 가운데 성서에서 건져낸 것입니다. 바울의 이 '짧은' 시간, '이 현재시'는 킹 목사가 초조함 속에서, 즉 '비상한 긴급성' 속에서 기다리는 시간을 폐기하며 구상했을 그 시간과 매우 닮아 있습니다.

하지만 킹 목사의 구상에는 바울의 구상과 결정적으로 다른 부분이 있습니다. 바울은 종말, 즉 하느님의 나라가 도래하는 시점이 정확히 언제인지, 비록 인간이 알 수는 없더라도 그것이 이미 정해져 있다고 인식하고 있었습니다. 반면 킹 목사에게 종말이란 인간이 '시간을 창조적으로 사용'하여 스스로 이쪽으로 끌어당겨야 하는 시간입니다. 그렇게 하지 않는다면 타성에 젖어 종말은 점점 더 연장되고 멀어져갈 뿐입니다.

이때의 종말이란, 그러니까 워싱턴대행진 연설에서 '언젠가'라고 막연하게 언급했던 시점, 인종차별 혹은 인종 분리가 완전히 철폐되는 날을 말하며 의인義人이 아니라 어린이들이 인종에 상관없이 같은 테이블에 둘러앉는 날을 말합니다. 그러나 그날이 도래한다는 아름다운 약속은 그냥 내버려두면 온건주의자들에 의해 무한히 연기될 뿐입니다.

여기에서 킹 목사가 고안한 것은 바울의 시간론을 참조하여 '지금'의 시간 감각을 무리하게라도 바울의 '짧은' 시간으로 바꾸는 것이었습니다. 킹 목사가 자주 입에 올린 "지금이 그 시간입니다"라는 문장이 그것의 가장 상징적인 표현입니다. 이와 같이 킹 목사는 시간 감각에 변화를 주어 종말을 모호한 미래의 저편에서 어렴풋이 보이는 대상에서 구체적이고 분명한 이미지를 가진 것으로 바꾸었습니다. 종말을 스스로의 힘으로 도래하게 한다는 이미지 자체가 '시간이 없다, 지금밖에 없다, 지금이 그 시간이다'라는 자신들의 절박한 시간 구상에 힘을 실어주는 것이었습니다.

킹 목사는 분명 흑인 민권 운동에서 바울의 입장이 되어보면서, 그리고 운동이 또다시 교착 상태에 빠지는 것을 경험하면서 바울의 시간 개념을 이해하게 되었고 그것을 자기 나름의 방식으로 사용한 것입니다.

종말은 왔는가

실제로 종말은 왔는가? 1964년에 시민권법이 제정되었습니다. 그런 의미에서는 부분적으로 하느님의 나라가 도래했다고 할 수 있겠지요. 하지만 이것으로 인종차별이 완전히 사라진 것은 아닙니다. 우리는 이 사실을 잘 알고 있습니다.

그렇다면 킹 목사의 구상은 무력한 것이었을까요? 늘 비슷한 답이 되고 말지만, 어쨌든 거기에 저항이 있었고 그 저항은 철학의 형태를 취하여 사람들의 투쟁에 형태를 부여할 수 있었습니다.

'반복되는 지연에 의해 존속되는 사회적 부정이 있을 때 종말을 구체적으로 설정하여 지금의 시간 감각을 바꾸는' 행위는 그것이 꼭 정치적인 성공으로 귀결되지 않더라도 사람들이 세계를 보는 방식 자체에 결정적인 갱신을 강제하여 결코 완전히 부정될 수 없는 무엇인가로 분명히 남았을 것입니다.

'바다의 물고기', '내가 스파르타쿠스다', '주식', '최선설 반대', '그런 것이다', '지금이 그 시간'. 지금까지 살펴본 '개념'은 이른바 좁은 의미의 철학에서 '개념'으로 다루어지던 것은 아닙니다. 그러나 각각의 사례를 보면 '개념'의 구상을 통해 세계에 긴장감이 감돌게 됩니다. 더 정확하게 말하면 긴장감이 감도는 그곳이 세계로서 단번에 일으켜 세워집니다. 그리고 그 세계는 지적인 저항으로서 사람들의 인식 앞에 모습을 드러냅니다. 그러한 저항은 효과를 발휘하기도 하고 헛수고로 끝나기도 하지만 그 성패로 가치를 헤아려서는 안 됩니다.

이 책을 쓰기 위해 선택한 '철학'에는 당연하게도 치우침이 있습니다. 정형화된 좁은 의미의 철학을 이 책에 등장시키지 않은 것은 제 고의였습니다. 물론 거기에 철학이라는 이름을 붙일 수 없는 것은 아니지만, 일에는 순서가 있습니다. 좁은 의미의 철학도 그 뿌리 깊은 곳을 살피면 제각각 저항의 면모를 가지고 있을 터입니다. 그런데 그 고정된 이미지를 출발점으로 삼으면 그 지점이 잘 안 보이는 경우가 많은 것도 사실입니다.

이 책에서 '철학'으로 다룬 것들은 거의 모두가 과하다고 할 만큼 명료한, 마치 그림으로 그린 듯한 저항의 이미지를 이미 가지고 있습니다(어민의 저항, 노예 전쟁, 선주민의 투쟁, 계몽주의, 반전, 흑인 민권 운동). 이 저항 운동의 지적인 핵심을 하나하나 살펴보는 시도를 해보았습니다. 물론 철학이 부족해도 훌륭한 저항이 세상에는 무수히 많지만, 이른바 저항 운동에서 철학을 읽어낼 수 있는 경우도 적지 않습니다. 그 부분을 강조하는 것이 이 책의 겉으로 드러난 몸짓입니다.

하지만 이 몸짓은 여기서 더 나아가 좁은 의미의 철학까지 포함한 모든 철학에서 저항의 핵심을 발견할 수 있는 인식의 눈을 키우는 것을 암묵적인 목표로 삼고 있습니다. 모든 철학은 저항입니다. 이 책에서는 굳이 언급하지 않았지만, 좁은 의미의 철학의 핵심에도 항상 저항이 있습니다. 이 책은 모든 철학의 뿌리에 있는 저항을 꿰뚫어 보기 위한 첫 번째 훈련의 장으로 설정되었습니다.

이 책은 저항을 전면에 내세운 넓은 의미의 철학 입문서로 구상하였습니다. 철학을 전공하지 않는 대학생, 그리고 고등학생, 나아가 조금 더 공부해보고 싶은 중학생을 독자로 가장 먼저 상정했습니다. 그보다 나이가 많은 분들은 고등학생의 마음으로 돌아가 읽어주시면 좋지 않을까 합니다. 참고로 저 또한 제 안에 있는 반항적인 소년이 죽지 않도록 끝없이 노력할 생각입니다.

앞서 언급했듯이 가능한 한 좁은 의미의 철학을 전제하지 않고 쓰려 했기 때문에 다른 철학 입문서와는 상당히 느낌이 다를 것입니다. 사용한 주요 자료는 모두 좁은 의미의 철학에는 들어가지 않지만 다른 영역에서는 유명한 것들입니다. 여러분이 다양한 분야의 대표적인 작품을 접하며 거기에서 희미한 빛을 발하는 '철학'을 발견하는 감각을 얻는다면 저는 더할 나위 없이 기쁠 것입니다.

그 작품들은 모두 마음을 뒤흔드는 명작입니다. 앞서 말한 것처럼 제 목표는 명작이 주는 감동을 부정하지 않고, 그 감동을 뒷받침하는 지적 저항을 눈에 보이도록 하는 것이었습니다.

또한, 저는 이 책 전체를 통해 철학적인 저항과 연대의 관계가 드러나도록 애를 썼습니다. 연대라는 것은 본래 기본적이고 일상적인 윤리 감각의 중심에 깃들어야 하지만, 특히나 이 냉소적인 사회에서는 그것이 절멸에 가까운 상태가 아닌가 싶습니다. 아무리 훌륭하고 전문적인 식견도 이 기본적인 토대가 없다면 경박한 장식에 지나지 않습니다. 요컨대 "강하지 않았다면 나는 생존하지 못했을 것이다. 다정하지 않았다면 나는 살아 있을 가치가 없었을 것이다"(레이먼드 챈들러), 혹은 "상냥함은 강한 거야"(미야기 마리코[1])라는 말입니다. 그래서 연대를 우직하게 긍정하는 글을 쓰기 위해 신경을 썼습니다.

참고로 말씀드리면, 이 책에서 저항을 전면에 내세운

---

[1] 미야기 마리코(1927~2020)는 일본의 배우, 가수, 영화감독이자 복지 사업가였다.

데는 당연하게도 시대적인 배경이 있습니다. 그것이 꼭 최근의 코로나 상황만을 가리키는 것은 아닙니다. 저항이 두드러지기 위해 꼭 재난이 필요한 것은 아니지요. 코로나든 원전 재가동이든 문제는 자연에서 비롯한 재난 그 자체보다는 이를 기회로 삼아 무질서를 만들어 자리 보전을 획책하는 체제입니다.

그 체제는 특히 최근 몇 년 동안 특별히 계기가 되는 재난 없이도 사람이 해서는 안 될 다양한 일을 종횡무진 전개했습니다. 몇 번이고 반복되는 실언, 공직자의 뇌물 수수, 인사 부정, 연고주의는 차치하더라도 당장 떠오르는 것만 해도 신안보법 체제 성립 강행, 각종 공문서 조작과 폐기 및 과도한 비공개, 법무성 출입국관리국 행정과 외국인 기능실습제도에서 나타나는 비인간적 관행 및 이에 대한 묵인, 그리고 아이치 트리엔날레와 일본학술회의를 무대로 한 문화연구 활동에 대한 이데올로기적 개입……[2] 이 목록을 끝내기가 어려울 지경입니다. (올림픽·패럴림픽 강행과 그에 따른 불투명한 예산 집행을 포함하여) 코로나와 관련한 모든 실책은 앞서 말한 무도한 일들이 같은 형태로 반복되고 확대된 것에 지나지 않습니다. 그러니까 수년에 걸쳐 저항의 계기가 되기에 모자람이 없는 상황이 계속된 것이지요.

그렇다고 해서 저는 이런 상황이니 "저항하라" 하고 당신을 노골적으로 선동할 생각은 없습니다. 애초에 저항은 누가 하라고 해서 하는 것이 아니니까요. 당신의 정치적, 사상적 경향이 저와 비슷하다는 보장도 없습니다. 중요한 것은 먼저 무엇이 저항인지 알아두는 것, 곳곳에 있는 저항을 꿰뚫어 보는 것, 저항자와 연대하는 것은 쉬운 일임을 이해하는 것입니다. 사실 당신도 어떤 식으로든 저항하고 있을지 모릅니다.

최근 몇 년간, 차근차근 논의를 만들어가는 것보다 거짓말이나 궤변, 변명으로 상황을 넘기는 것을 현실주의

2　일본의 집단 자위권 행사를 용인하고 자위대의 해외 활동 범위를 확대한 신안보법 체제 강행(2015), 사학 법인인 모리토모 학원 비리와 관련하여 일본 재무성이 관련 공문서를 조작한 사건(2018), 나고야 출입국재류관리청 이민자 수용 시설에서 스리랑카 여성이 사망한 사건(2021), 국제 예술 행사인 아이치 트리엔날레에서 '평화의 소녀상' 전시가 일본 정부의 압박으로 중단된 일(2019), 스가 총리가 정부 정책에 비판적인 학자 여섯 명의 일본학술회의 회원 임명을 거부한 일(2020) 등을 가리킨다.

적이라 평가하는 냉소주의가 무시할 수 없을 정도로 자리 잡은 듯합니다. 그 냉소주의는 또한 모르는 누군가의 곤경에 마음 아파하기보다는 조소를 끼얹는 것이 낫다고 큰소리치기도 합니다. 그러한 풍조가 퍼져 나간 것이 지금의 정권 탓인지, 아니면 SNS가 보급된 탓인지는 잘 모르겠습니다(양자가 깊은 곳에서 서로 보완하고 있을지도 모르겠네요). 어쨌든 중요한 것은 그러한 경향에 끈질기게 "아니오!"라고 말하며 기본적인 윤리 감각에 숨을 불어 넣는 일입니다.

이 책이 심하게 단순해 보인다면, 이는 제가 저항과 논리의 본모습은 지극히 단순하며 그 단순함을 있는 그대로 전달하는 것이 무엇보다 중요하다고 생각하기 때문입니다. 복잡한 이야기는 나중에 해도 충분합니다.

내가 맞았다면 "아프다"라고 말하고, "아프다"라고 말하는 사람이 있다면 그 옆에 서는 것. 실제로 항상 그렇게 할 수 있는가는 별개의 문제입니다만, 적어도 원칙은 이것뿐입니다. 이 책이 그 원칙 위에 쌓인 먼지를 털어내는 역할을 조금이나마 할 수 있기를 바랍니다.

이 책의 내용은 대부분 새로 쓴 것입니다만, 전체적으로 제가 근무하고 있는 게이오기주쿠대학에서 10년 넘게 담당한 '현대사상론' 강의에서 사용한 노트, 메모, 원고의 일부를 토대로 했습니다. 이 수업을 수강한 학생들에게 감사드립니다.

5장은 대부분의 내용을 아래의 논문에 이미 쓴 적이 있습니다. 이번 글은 말하자면 논문 내용을 새롭게 이야기한 것입니다.

다카쿠와 가즈미, 「마틴 루서 킹 주니어의 시간」, 『현대사상』 제34권 제7호, 세이도샤, 2006년 6월, 174~186쪽 (이하에 재수록. 다카쿠와 가즈미, 『아감벤의 이름을 빌려』, 세이큐샤, 2016년, 164~190쪽).

다만, 이 논문도 원래는 위의 강의에서 이야기한 내용을 토대로 삼았습니다.

신서 집필 의뢰를 받은 것은 2020년 9월이었습니다. 그때는 제가 마흔여덟 살이었기 때문에 곧바로 책을 냈다면 아마 이시카와 다쓰조[3]의 소설 제목을 빌려 "이것이 내 '48세의 저항'입니다"라고 재미없는 농담을 할 수도 있었는데, 안타깝게도 호기를 놓치고 말았습니다.

마지막으로, 완전히 새로 쓰는 책은 처음인 저를 상냥하게 격려해주시고 오랜 시간 인내심 있게 작업에 함께 해주신 슈에이샤의 가네이다 아키 씨에게 깊이 감사드립니다.

---

3   이시카와 다쓰조(1905~1985)는 일본의 소설가로 사회성이 짙은 풍속소설의 선구자로 평가받는다. 1956년에 『48세의 저항』이라는 소설을 발표했다.

본문에 명시적으로 인용·참조한 자료가 대부분입니다만, 정확한 기술을 위하여 확인한 것도 포함되어 있습니다. 주요 자료에는 강조 표시(▩)를 해두었습니다. 아니, 오히려 이 책이 그 자료들의 부교재 같은 위치에 있는지도 모르겠습니다. 강조 표시된 자료는 반드시 참조해주세요. 신서라는 형식의 제약이 있어 본문에서 참조할 때 어느 부분인지 명시하지는 않았지만 쉽게 찾을 수 있으리라 생각합니다.[1]

---

[1]　해당 도서 혹은 관련 도서의 한국어판이 있는 경우 아래에 추가로 제시하였다.

1장 철학을 정의하다

『アメリカ古典文庫』, 第一巻 (『ベンジャミン・フランクリン』) 池田孝一訳 (研究社, 一九七五年)

ベンジャミン・フランクリン, 『フランクリン自伝』鶴見俊輔訳 (土曜社, 二〇一五年)

ミヒャエル・エンデ『モモ』大島かおり訳 (岩波書店[岩波少年文庫], 二〇〇五年)

벤저민 프랭클린, 이종인 옮김, 『벤저민 프랭클린 자서전』, 문학동네, 2023.

벤저민 프랭클린, 강주헌 옮김, 『벤저민 프랭클린 자서전』, 현대지성, 2022.

미하엘 엔데, 한미희 옮김, 『모모』, 비룡소, 1999.

2장 예속된 자의 저항

ルキーノ・ヴィスコンティ 監督『揺れる大地』(一九四八年)

ジョヴァンニ・ヴェルガ『マラヴォリヤ家の人びと』西本晃二訳 (みすず書房, 一九九〇年)

ミシェル・フーコー『ミシェル・フーコー思考集成』第七巻, 蓮實重彦ほか監修 (筑摩書房, 二〇〇〇年)

ミシェル・フーコー『ミシェル・フーコー思考集成』第八巻, 蓮實重彦ほか監修 (筑摩書房, 二〇〇一年)

スタンリー・キューブリック監督『スパルタクス』(一九六〇年)

ハワード・ファースト『スパルタカス』上下巻, 村木淳訳 (三一書房[三一新書], 一九六〇年)

Dalton Trumbo, *Spartacus: Revised Final Screenplay* (1959) 〈http://indiegroundfilms.files.wordpress.com/2014/01/spartacus.pdf〉

Larry Ceplair & Christopher Trumbo, *Dalton Trumbo: Blacklisted Hollywood Radical* (Lexington: The University Press of Kentucky, 2015)

カーク・ダグラス『カーク・ダグラス自伝 くず屋の息子』下巻, 金丸美南子訳 (早川書房, 一九八九年)

Kirk Douglas, *I am Spartacus!: Making a Film, Breaking the Blacklist* (New York: Open Road Media, 2012)

루키노 비스콘티 감독의 영화 〈흔들리는 대지〉(1948)

스탠리 큐브릭 감독의 영화 〈스파르타쿠스〉(1960)

조반니 베르가, 김운찬 옮김, 『말라볼리아가의 사람들』, 문학동네, 2013.

커크 더글러스, 김정미 옮김, 『시련은 곧 희망입니다』, 인북스, 2002.

하워드 패스트, 김태우 옮김, 『소설 스파르타쿠스』, 미래인, 2008.

3장　주식主食을 빼앗긴다는 것

萱野茂『おれの二風谷』(すずさわ書店, 一九七五年)

萱野茂『アイヌの碑』(朝日新聞社[朝日文庫], 一九九〇年)

萱野茂『国会でチャランケ』(日本社会党機関紙局[社会新報ブックレット], 一九九三年)

萱野茂『妻は借りもの』(北海道新聞社, 一九九四年)

萱野茂『萱野茂のアイヌ語辞典』(三省堂, 一九九六年[二〇〇二年増補版])

萱野茂『アイヌ歳時記』(筑摩書房[ちくま学芸文庫], 二〇一七年)

及川隆ほか編『アイヌ民族についての連続講座』(及川隆/北教組教育政策調査研究室, 一九九三年)

本多勝一『先住民族アイヌの現在』(朝日新聞社[朝日文庫], 一九九三年)

差間正樹ほか編『サーモンピープル』(ラポロアイヌネイション/北大開示文書研究会, 二〇二一年)

가야노 시게루, 심우성 옮김, 『아이누 민족의 비석』, 동문선, 2007.

4장　운명론에 저항하다

ヴォルテール『カンディード 他五篇』植田祐次訳 (岩波書店[岩波文庫], 二〇〇五年)

ヴォルテール『カンディード』斉藤悦則訳 (光文社[光文社古典新訳文庫], 二〇一五年)

ヴォルテール『哲学辞典』高橋安光訳 (法政大学出版局, 一九八八年)

カート・ヴォネガット・ジュニア『スローターハウス5』伊藤典夫訳 (早川書房[ハヤカワ文庫], 一九七八年)

カート・ヴォネガット『国のない男』金原瑞人訳 (中央公論新社[中公文庫], 二〇一七年)

볼테르, 이봉지 옮김, 『캉디드 혹은 낙관주의』, 열린책들, 2009.

볼테르, 이병애 옮김, 『미크로메가스, 캉디드 혹은 낙관주의』, 문학동네, 2010.

볼테르, 이형식 옮김, 『쟈디그, 깡디드』, 펭귄클래식코리아, 2011.

볼테르, 사이에 옮김, 『불온한 철학사전』, 민음사, 2015.

커트 보니것, 정영목 옮김, 『제5도살장』, 문학동네, 2016.

커트 보니것, 김한영 옮김, 『나라 없는 사람』, 문학동네, 2007.

5장 지금이 그 시간

M. L. キング『自由への大いなる歩み』雪山慶正訳 (岩波書店 [岩波新書], 一九五九年)

マーチン・ルーサー・キング『黒人はなぜ待てないか』中島和子ほか訳 (みすず書房, 一九六五年)

マーティン・ルーサー・キング『汝の敵を愛せよ』蓮見博昭訳 (新教出版社, 一九六五年)

クレイボーン・カーソン編『マーティン・ルーサー・キング自伝』梶原寿訳 (日本基督教団出版局, 二〇〇一年)

Clayborne Carson et al., eds., *The Papers of Martin Luther King, Jr.*, 3 (Berkeley & Los Angeles: University of California Press, 1997)

Clayborne Carson et al., eds., *The Papers of Martin Luther King, Jr.*, 4 (Berkeley & Los Angeles: University of California Press, 2000)

1611 King James Version (KJV) in King James Bible Online ⟨http://www. kingjamesbibleonline.org/1611-Bible/⟩

마틴 루터 킹, 박해남 옮김, 『왜 우리는 기다릴 수 없는가』, 간디서원, 2005.

마틴 루터 킹, 채규철 외 옮김, 『사랑의 힘』, 예찬사, 1987.

클레이본 카슨 엮음, 이순희 옮김, 『나에게는 꿈이 있습니다』, 바다출판사, 2018.

"물은 물고기의 엘리먼트다."

본문에서 '엘리먼트'를 설명하기 위해 예로 든 문장 가운데 하나다. 내가 참고한 영한사전에도 "Water is a fish's natural element"라는 예문이 있어서 처음에는 그저 '사전이 다 비슷하구나' 싶었을 뿐 아무 생각도 들지 않았다. 그런데 번역을 하다 보니 그렇게 단순한 이야기가 아니었다.

이 예문 바로 뒤에 나오는 '사카나쿤'만 해도 그렇다. 사카나쿤은 주로 어린이 대상 프로그램에 나와 물고기의 생태에 관해 재미있게 설명해주는 연예인인데, 항상 물고

기 모자를 쓰고 있고 물고기를 뜻하는 '교ぎょ(魚)'를 넣어서 말을 한다. '사카나'는 지금은 어류를 가리키지만, 실은 술안주를 가리키는 말이었다. 주로 물고기를 안주로 삼던 문화에서 안주를 가리키던 '사카나'가 '물고기'를 뜻하게 되었다고 한다. 우리말의 '고기'와 '물고기'를 생각하면 '먹기 위한 어류'라는 발상을 쉽게 이해할 수 있다.

영화 〈흔들리는 대지〉에도 물고기가 많이 나온다. 토니는 '바다의 물고기는 먹는 사람을 위해 존재한다'라는 평범한 속담을 살짝 비틀어 물고기를 여성에 비유한다. 그러나 얼마 후 그 물고기는 토니의 인식 체계 안에서 자신을 비롯해 중간 상인에게 이익을 빼앗기는 어촌 사람들로 의미가 달라진다. 이러한 인식 변화는 새로운 행동을 낳았지만 토니는 더 곤궁한 처지로 내몰리게 되고, 사람에게 먹히기 위해 구워진 붕어빵도 자신의 엘리먼트인 철판에서 도망쳐 바다로 가지만 결국 사람의 입으로 들어가는 결말을 맞는다. 저자는 이러한 예를 통해 '나를 둘러싼 세계에 대한 인식'을 바꾸려는 저항이 얼마나 쉽게 좌절되는지를 설명하고 있다.

가야노 시게루의 '주식론'에도 여러 이름을 가진 물고

기 연어가 나온다. 연어는 '사케鮭'라고 하는 것이 일반적
인데, 내가 사는 간토 지방에서는 '샤케'라고 발음하는 사
람이 많다. 사케 혹은 샤케는 초밥을 먹으러 가면 '사-몬
salmon'이 된다. 한편 홋카이도에는 연어를 '아키아지秋味'
라고 부르는 사람도 많고, 아이누인은 '가무이쳅'이나 '시
페' 혹은 '시에페'라고 부른다고 한다. 여기에서 연어를
가리키는 '시페/시에페'를 단순히 '연어'라고 번역했다면
가야노 시게루의 '주식론'은 없었을 것이며, '주식론'을
통한 저항 또한 불가능했을 것이다. 어찌하여 연어를 주
식을 뜻하는 '시페/시에페'로 부르게 되었는지를 설명하
는 과정에서 아이누에게 연어가 어떤 의미인지 드러났기
때문이다.

일본에서 철학자 조르조 아감벤의 번역자로도 잘 알려
져 있는 저자 다카쿠와 가즈미는 이 책 전반에 걸쳐 이와
같은 '번역'의 의미를 밝히는 데 굉장히 공을 들인다. 책
에 인용한 여러 외국 텍스트를 모두 직접 번역하여 이해
의 깊이를 더하려 애쓴 흔적도 많이 보인다. 그런 저자에
게 아이누어-일본어 번역자이기도 한 가야노 시게루의
노력이 얼마나 눈에 밟혔겠는가. 저자는 아이누 문화를

말살하려는 시도에 대한 저항으로서 번역이 지니는 의미, 그 번역의 과정에서 어떻게 철학이 탄생하고 저항이 이어지는지를 정성을 다해 그려냈다.

그런 책을 또 내가 한국어로 번역하게 되다니, 정말 분에 넘치는 영광이 아닐 수 없다. 번역하는 동안, 나는 '철학'과 '저항'이라는 두 낱말에 이끌려 『제5도살장』의 빌리처럼 강제 시간 여행을 했다. 저자에게 영감을 준 말이 '물고기'였다면 나에게는 '철학'과 '저항'이 그런 말이었다. 나는 '철학'과 '저항'이 엘리먼트였던 1990년대 초로 시간 여행을 떠나 같은 꿈을 꾸던 과거의 나와 친구들을 만났고, 다시 돌아와 서로의 현재를 살피고 미래를 꿈꾸었다. 이 여행은 당연하게도 킹 목사의 시간론 덕분이기도 하다.

그 기나긴 꿈에서 깨어나 번역을 마무리하고 있을 때, 일본 정부가 방사능 오염수를 처리한 물을 후쿠시마 앞바다에 방류한다는 소식을 들었다. 그리고 며칠 후 실제로 1차 방류가 실시되었다는 소식이 날아왔다.

"물은 물고기의 엘리먼트다."

이 말이 처음과는 다른 느낌으로 내 머릿속을 헤엄쳐

다녔다.

★

제가 오십견과 회전근개파열이라는 병명 사이에서 오락가락하는 사이 여러모로 고생한 남편과 그만큼 오래 기다려준 사계절출판사 인문팀의 이진, 이창연, 홍보람 편집자님께 감사의 말씀을 전합니다.

철학으로 저항하다

2023년 10월 26일 1판 1쇄

| **지은이** | **옮긴이** | |
| 다카쿠와 가즈미 | 노수경 | |

| **편집** | **디자인** | |
| 이진, 이창연, 홍보람 | 김효진 | |

| **제작** | **마케팅** | **홍보** |
| 박홍기 | 이병규, 이민정, 최다은, 강효원 | 조민희 |

| **인쇄** | **제책** | |
| 천일문화사 | J&D바인텍 | |

| **펴낸이** | **펴낸곳** | **등록** |
| 강맑실 | (주)사계절출판사 | 제406-2003-034호 |

| **주소** | | **전화** |
| (우)10881 경기도 파주시 회동길 252 | | 031)955-8588, 8558 |

| **전송** | |
| 마케팅부 031)955-8595, 편집부 031)955-8596 | |

| **홈페이지** | **전자우편** | |
| www.sakyejul.net | skj@sakyejul.com | |

| **블로그** | **페이스북** | **트위터** |
| blog.naver.com/skjmail | facebook.com/sakyejul | twitter.com/sakyejul |

값은 뒤표지에 적혀 있습니다. 잘못 만든 책은 서점에서 바꾸어드립니다.

사계절출판사는 성장의 의미를 생각합니다.
사계절출판사는 독자 여러분의 의견에 늘 귀 기울이고 있습니다.

ISBN 979-11-6981-167-5 03100